MATLABで学ぶ
物理現象の
数値シミュレーション

著者：小守 良雄

近代科学社Digital

まえがき

常微分方程式や偏微分方程式で記述された物理現象を扱う. 前者においては力学の問題, 後者においては電磁気学の問題を主に取り上げ, それらに対する数値シミュレーション方法を述べる.

シミュレーションプログラムを記述するのに MATLAB を採用する. MATLAB は理解しやすいプログラミング言語であり, 数値計算を行う際にとても使い勝手が良い. しかし, それと同時に, MATLAB は非常に幅広い範囲の問題を扱える大きなソフトウェアなので, 初心者が短時間でそれを大まかに捉えるには, 何らかのガイドが要る. その為, 本書に MATLAB 入門としての役割を持たせ, MATLAB の説明から始める. そこでは, 常微分方程式の数値解法やアニメーションについても説明する.

力学の問題では物体の運動を考え, 運動方程式を立てるのに知っておかなければならない基本概念から剛体の回転運動までを説明する. その後, 常微分方程式で表現される物理現象の演習問題を与える. 演習問題を実際に解くことを通じて, 読者に, 現象だけでなく数値実験による解析についても理解してもらう.

本書の後半では, 偏微分方程式を考え, それによって記述される物理現象のシミュレーションを取り扱う. まず, 1 次元の熱伝導方程式と移流拡散方程式を例にとって, 偏微分方程式に対する差分法を説明する. 演習問題を実際に解き, 読者に差分法を理解してもらう.

次に, 本書のメインテーマである電磁界数値シミュレーションを行う. ここでは, 3 次元空間におけるシミュレーションを扱う. その準備として, まず, 高校物理で習うことがらを拡張して, マクスウェルの方程式を導く. これは, 高校物理で電磁気について学んだ読者が, その理解を推し進める際の助けとなるだろう. その後, 時間領域差分法 (Finite Difference Time Domain (FDTD) 法) について説明する. この解法は, 中心差分近似を用いており, 前章で既に差分近似を学んだ読者にとってわかり易い解法と言えるだろう. 最後に, 演習問題を実際に解き, 読者に電磁界の現象を視覚的イメージとして捉えてもらい, 実験では観測困難な現象がシミュレーションで捉えられることを理解してもらう.

本書の初期の版は, 九州工業大学情報工学部のシステム創成情報工学科と物理情報工学科の 2 年生に対する演習あるいは実験テキストであった. 印刷会社へ原稿を提出してテキストを製本していたが, 費用の高騰により, 書籍化に踏み切った. これまでの授業における受講生からの質問やコメントは, 解答例をつけるか否かの判断および原稿の改訂に大いに役立った. ここに感謝の意を表する.

2023 年 8 月

小守 良雄

目次

第1章　　数値シミュレーションツール

第2章　　物体の運動

第3章　偏微分方程式の数値解法 (差分法)

第4章　電磁界数値シミュレーション

付録A　略解と出力例

付録B　第 4 章の MATLAB スクリプトファイル

第1章

数値シミュレーション　ツール

物理現象をシミュレーションによって解析する場合，まず，現象に合ったモデルを考え，それを方程式で表す．次に，適当な条件の下で方程式を解く．そして，計算結果を図示したり，実験データや他の計算結果と比較したりして，シミュレーション結果を検討する．もし不具合があれば，モデルや解法について再考する．本章では，方程式を解き，結果を図示するツールとしてMATLAB の使い方を学ぶ．

1.1　MATLAB の概要

　MATLAB とは数値計算インタプリタ言語である．MATLAB はもともとは優れた線形数値計算ライブラリ LAPACK の使い易いインターフェースを提供する言語であった．しかし，その後次第に拡張されて，その用途が広がった．

　主に次のような特徴を持つ．

1) 数値計算
   インタプリタ言語でありながら，非常に優れた数値計算ライブラリを内蔵している．したがって，ユーザーは数値計算プログラムを簡単に書け，しかもそれを高速に実行できる．連立 1 次方程式，固有値問題，数値積分，最適化問題，非線形方程式，常微分方程式などを解く命令が用意されている．

2) プログラミング
   C と非常によく似た制御構文を持ち，演算子の多重定義などオブジェクト指向プログラミングも容易にする．また，インタプリタなのでデバッグがしやすい．

3) データの可視化
   データの可視化コマンドが豊富に用意されていて，2 次元プロット，3 次元プロット，等高線プロット，アニメーションなどが可能である．また，これらを見易くするオプションやコマンドも豊富である．

4) 信号処理
   フーリエ変換やフィルターなどを実現する関数が用意されていて，信号処理が容易に行える．ただし，本書ではこれに触れない．

　本章の構成は次の通りである．まず，基本事項を述べる．第 1.2 節では起動方法や終了方法を説明し，第 1.3 節では連立 1 次方程式の解法や行列の取り扱い方法を説明する．特に，行列の取り扱い方法は MATLAB を使いこなす上で絶対に習得しておかなければならないことがらである．第 1.4 節ではプログラミング，関数 M ファイル，スクリプトファイルについて説明し，第 1.5 節ではグラフィックスコマンドについて説明する．第 1.6 節から第 1.8 節では応用事項として，常微分方程式の数値解とそれを得る方法，アニメーション方法，計算結果のファイルへの入出力方法について述べる．第 1.9 節ではヘルプについて説明する．第 1.10 節で演習問題を与える．

基本事項

1.2　起動と終了

　MATLAB の起動および終了方法を説明する．以降で述べることがらは，Windows 版に当てはまる．MATLAB を起動するには，**[スタート] (左クリック) → [すべてのアプリ] → [MATLAB R2023a] → [MATLAB R2023a] (左クリック)** を選択する．図 1.1 に起動後の初期画面を示す．図のように通例 3 つのウィンドウが表示される．中央のウィンドウがコマンド

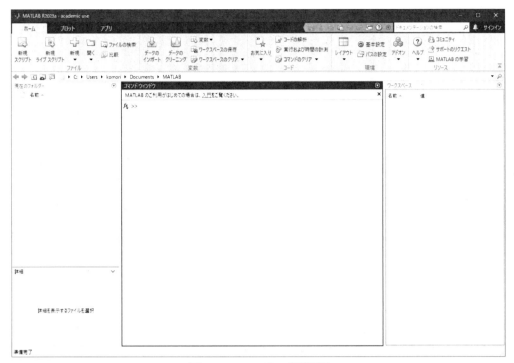

図 1.1　MATLAB の初期画面

ウィンドウで, これを通して MATLAB に実行コマンドを与える. 左側の「現在のフォルダー」ウィンドウは作業ディレクトリ（フォルダー）の下にあるファイルやフォルダーの一覧を表示し, 右側の「ワークスペース」ウィンドウは MATLAB の起動時から現在までにユーザーが定義した変数の一覧を表示する. なお, 作業ディレクトリは,「現在のフォルダー」ウィンドウの上の小ウィンドウを通して自由に変更できる.

　MATLAB を終了するには, コマンドライン (コマンドウィンドウにて最も下に位置する行) に exit か quit を入力する.

1.3　連立 1 次方程式

　本節の初めに MATLAB で可能な数値計算をいくつか挙げた. ここでは, その中でも MATLAB が最も得意とする連立 1 次方程式に関する計算を通じて, MATLAB の基本的な使い方を見ていく.

1.3.1　連立 1 次方程式の解法

行列とベクトルの表現方法, 出力の制御, 連立 1 次方程式を解くコマンドを学ぶ.

$$\begin{bmatrix} 1 & 2 \\ 3 & 4 \end{bmatrix} \begin{bmatrix} x_1 \\ x_2 \end{bmatrix} = \begin{bmatrix} 0 \\ 1 \end{bmatrix} \tag{1.1}$$

を例にとる. コマンドラインに

```
》  A=[1 2;3 4]
```

を入力すると, 変数 A に行列

$$\begin{bmatrix} 1 & 2 \\ 3 & 4 \end{bmatrix}$$

を設定できる. これからわかるように, 行列の行と行の区切りにはセミコロン (;) を挿入し, 要素と要素の区切りにはスペース (空白) を挿入する. また, コマンドラインの末尾にセミコロンをつけると表示を抑制できる. 今の例では末尾にセミコロンをつけていないので

```
    A   =

        1  2
        3  4
```

と表示される. 方程式 (1.1) の右辺ベクトルは 2 行 1 列の行列とみなせるので, 同様に考えて

```
》  b=[0;1];
```

を入力すると, 変数 b に右辺ベクトルを設定できる. 次に

```
》  A\b
```

を入力する.

※\ は日本語キーボードでは¥に対応する.

この時, 解が次のように表示される.

```
    ans  =

          1.0000
         −0.5000
```

なお, 数値は倍精度浮動小数点数として内部処理される.

1.3.2 行列の演算

行列の演算であっても, スカラーの演算と同じように表記できる. 例えば, 2 つの行列

```
》  A=[1 2;3 4];
》  B=[2 1;0 -1];
```

の和を求めるのに

```
》  A+B
```

と書くだけで良い. この時

```
ans  =
        3   3
        3   3
```

と出力される.

また, スカラーと行列の和など数学では普通定義されていない演算も多数用意されている. 以下に行列の計算例を示す.

※上矢印キー (↑) を押すとコマンドラインに過去に入力した式を呼び出せる. これを適当に編集して, 入力の手間を減らせる.

1) べき乗

べき乗の演算子記号は「^」である. ここでも, 対象がスカラーであっても行列であっても同じ書き方で良い.

```
》   A=[1 2;3 4];
》   A^3
```

を入力すると, A^3 の計算が行われ

```
ans  =
      37   54
      81  118
```

と出力される.

2) 共役転置

共役転置の演算子記号は「'」であり, 単なる転置の演算子記号は「.'」である. もちろん, 対象が実行列ならどちらの演算子記号を用いても結果は同じである.

```
》   A=[1 2;3 4];
》   A'
```

を入力すると

```
ans  =
      1   3
      2   4
```

と出力される.

3) スカラーと行列の四則演算

スカラーと行列の四則演算は, スカラーと行列の各要素との演算を意味する. 例えば

```
》   A=[1 2;3 4];
》   1 + A
```

を入力すると

```
    ans   =
            2   3
            4   5
```
と出力される.

4)　要素毎の演算

要素毎の演算を行うには, 演算子記号「.」を用いる. 例えば

```
    》   A=[1 2;3 4];
    》   A.^3
```

を入力すると, A の要素毎に 3 乗されて

```
    ans   =
            1    8
           27   64
```
と出力される.

1.3.3　逆行列の計算

逆行列を求めるコマンドは inv である. 例えば, 行列 A の逆行列を求めるには

```
    》   inv(A)
```

を入力する.

数学では, 連立 1 次方程式 $Ax = b$ の解は $x = A^{-1}b$ と書く. したがって, MATLAB でも

```
    》   R=inv(A);
    》   R*b
```

と書いて解が求まる. しかし, このようにせず, 前述の \ コマンドを用いるべきである. なぜなら, A の逆行列を求めるのに手間がかかるからである. A の次元を n とすると, A の逆行列を求めるのに n^3 回の乗除算が必要である. 一方, $A \backslash b$ で解を求めるのに $n^3/3$ 回の乗除算で済む. 次元が大きくなれば, この差は大きい.

1.3.4　基本的な行列

基本的な行列を生成するコマンドが用意されている. これらのコマンドを使う利点は

1. 入力の手間が省ける,
2. 行列に必要な記憶領域を 1 度の処理で確保できるのでプログラムの処理速度の向上につながる

である.

1)　単位行列

単位行列を生成するコマンドは eye である.

```
      》  eye(3)
```

を入力すると

```
 ans  =
       1  0  0
       0  1  0
       0  0  1
```

と出力される.

2) 要素がすべて 1 の行列

要素がすべて 1 の行列を生成するコマンドは ones である. また, 多次元の配列を生成することもできる.

```
      》  ones(2,3)
```

を入力すると

```
 ans  =
       1  1  1
       1  1  1
```

と出力される.

3) 要素がすべて 0 の行列

要素がすべて 0 の行列を生成するコマンドは zeros である. また, 多次元の配列を生成することもできる.

```
      》  a = zeros(2,3,4);
```

を入力すると, 要素がすべて 0 である $2 \times 3 \times 4$ の 3 次元配列を変数 a に設定できる (「ワークスペース」ウィンドウのサイズの欄の a に関する箇所を読めば, a が 3 次元配列であることがわかる).

4) ベクトル

一定の増分を持ったベクトルを生成する演算子は「:」である. s:h:e は, $s, s + h, s + 2h, \ldots, s + nh$ という要素をもつ横ベクトルを生成する. ただし, n は $s + nh \leq e$ を満たす最大の自然数である. h を除いて s:e と書くと s:1:e を生成する. 例えば

```
      》  1:0.5:2.2
```

を入力すると

```
 ans  =
       1.0000  1.5000  2.0000
```

と出力される.

1.3.5　行列の要素の参照と指定

行列 A の i 行 j 列成分を参照するには A(i,j) と書く. 例えば

```
》   A=[11 12 13; 21 22 23; 31 32 33];
》   A(1,1)
```

を入力すると

ans　＝

11

と出力される. 逆に, 特定の要素を変更する場合にも同じように書く. 例えば

```
》   A(3,3)=0
```

と入力すると, 行列 A の 3 行 3 列成分が 0 に変更される.

インデックスをベクトルで書けば 1 度に複数の成分を参照できる: A(i,[j k]) と書けば $A(i,j)$ と $A(i,k)$ を参照できる. 先ほどの入力に引き続いて

```
》   A(1,[1 2])
```

を入力すると

ans　＝

11　12

と出力される.

これと同様に考えて, 前に述べたベクトル演算子を併用すれば行列の特定の行や列を取り出せる. 例えば, A(1,1:3) と書けば A の第 1 行を参照できる. なお, これには簡略化した書き方があって, A(1,:) と書いても良い.

```
》   A(1,:)
```

を入力すると

ans　＝

11　12　13

を得る.

1.3.6　行列の合成

複数の行列をつなぎ合わせた新しい行列を作るには「[」と「]」の間につなぎ合わせたい行列を並べて書く. 例えば

$$A = \begin{bmatrix} 1 & 2 \\ 4 & 5 \end{bmatrix} \quad と \quad b = \begin{bmatrix} 3 \\ 6 \end{bmatrix}$$

をつなげて

$$C = \begin{bmatrix} 1 & 2 & 3 \\ 4 & 5 & 6 \end{bmatrix}$$

を作るには

```
》    A=[1 2; 4 5];
》    b=[3; 6];
》    C=[A b]
```

を入力する.

1.3.7　部分行列の生成

多次元配列の一部を取り出して行列を生成するには, コマンド reshape を使う. 例えば,

```
》    a=ones(2,3,4);
》    b=a(1,:,:);
》    c=reshape(a(1,:,:),3,4);
```

を入力すると, b には $1 \times 3 \times 4$ の 3 次元配列が設定されるのに対して, c には 3×4 の 2 次元配列 (行列) が設定される (これらのサイズは「ワークスペース」ウィンドウのサイズの欄から読み取れる). このコマンドは, 多次元配列ではなく行列のみを受け取るコマンドに引数を渡す時に役立つ.

1.4　プログラミング

プログラムを組む際に必要となることがら: 変数, 関係・比較, 論理, 制御構造, 関数定義, MATLAB スクリプトファイルについて説明する. プログラミングとプログラムの実行は

1) プログラムを MATLAB スクリプトファイルに書き,
2) そのファイル名をコマンドラインに入力する

という手順で行う.

1.4.1　変数

1) データ型
   組み込みのデータ型には, 実数, 複素数, 実行列, 複素行列, 文字列などがある.
2) 変数名
   変数名は英数字かアンダースコア (_) から成り, 長さは 31 文字までである. ただし, 数字から始まってはいけない. 大文字と小文字は区別される. また, 同じ名前を持った変数と関数がある場合は変数が優先される.
3) 予約語
   MATLAB によって予約された変数名がいくつかある. 代表的なものに, pi (円周率), ans (直前に実行した式の評価値), i と j (虚数) などがある. これらの変数に値を代入すると,

予約語として使えない可能性がある．もちろん，虚数を使わないプログラム内で，i や j を
インデックス変数とする使い方もあり得る．

4)　ワークスペース

ユーザーが定義した変数の名前や値はワークスペースに格納されている．それらは「ワー
クスペース」ウィンドウに表示される．変数の値を見るにはコマンドラインに変数名を入
力する．

5)　ユーザー定義変数の消去

ユーザーが定義した変数をワークスペースから消去するには clear コマンドを使う．コマ
ンドラインに

```
》　clear 変数名 1 変数名 2 変数名 3
```

のように入力すると，変数名 1，変数名 2，変数名 3 の名前を持った変数が消去される．変
数名を書かずに

```
》　clear
```

とだけ入力するとすべての変数が消去される．

6)　コメント文

% から行末まではコメントである．例えば

```
》　a^2 % a の二乗
```

において「% a の二乗」はコメント文であり，計算結果に何ら影響を与えない．また，
「%{」のみで始まる行から「%}」のみで終わる行までもコメント文である．例えば

```
》 %{
a=1
b=2
%}
```

において「a=1」と「b=2」はともにコメント文であり，計算結果に何ら影響を与えない．

7)　省略記号

コマンドを一行に書ききれない時は，省略記号 (...) を用いる．例えば，付録 B の
MATLAB スクリプト「Update_Ey_for_free_boundary.m」を参照しなさい．

**※アンダースコア (_) やパーセント (%) などの特殊記号が，本文中や網囲み内では半角文字
に見えないが，それらを半角文字とみなして良い．**

1.4.2　関係演算子・論理演算子

関係演算子は比較した結果が真なら 1，偽なら 0 を返す．スカラーとスカラーの比較のほか，
行列と行列の比較も行う．ただし，後者の比較は要素毎に行われる．

16

表 1.1　実スカラー s, t に対する関係演算子の定義

関係演算子	意味
$s == t$	$s = t$ が真なら 1, 偽なら 0 を返す.
$s < t$	$s < t$ が真なら 1, 偽なら 0 を返す.
$s > t$	$s > t$ が真なら 1, 偽なら 0 を返す.
$s <= t$	$s \leq t$ が真なら 1, 偽なら 0 を返す.
$s >= t$	$s \geq t$ が真なら 1, 偽なら 0 を返す.
$s \~= t$	$s \neq t$ が真なら 1, 偽なら 0 を返す.

例えば

```
》  A=[1 2; 3 4];
》  B=[1 1; 3 3];
》  A==B
```

を入力すると

```
ans  =
       1   0
       1   0
```

を得る.

主な論理演算子も紹介しておく (表 1.2). ただし, A や B はある命題とする.

表 1.2　主な論理演算子

論理演算子	意味
$A \&\& B$	A も B も真の時のみ 1 を返す.
$A \|\| B$	A か B が真なら 1 を返す.
$\~A$	A が真なら 0, 偽なら 1 を返す.

1.4.3　制御構造

4 つの制御フロー構造: if, switch, while, for が用意されている. ここでは, これらの構文について説明する.

1) if 文

if 文の最も単純な基本構造は

```
if CONDITION
    THEN-BODY
end
```

である. CONDITION 部には関係演算子などを使った条件文を書く. これが真の時のみ命令文を書いた THEN-BODY 部 が実行される. よく使う基本構造に

```
if CONDITION
```

```
    THEN-BODY
else
    ELSE-BODY
end
```
がある．もし CONDITION 部が真なら THEN-BODY 部が実行され，偽なら
ELSE-BODY 部が実行される．例えば，

```
》  x=0;
》  if x==0
》    disp('yes');
》  else
》    disp('no');
》  end
```

を入力すると yes と出力される．もう少し複雑な
```
if CONDITION1
    THEN-BODY
elseif CONDITION2
    ELSEIF-BODY
else
    ELSE-BODY
end
```
もよく使う．もし CONDITION1 部が真なら THEN-BODY 部が実行され，これが
偽で CONDITION2 部が真なら，ELSEIF-BODY 部が実行され，両方とも偽なら
ELSE-BODY 部が実行される．

2)　switch 文

switch 文の基本構造は
```
switch EXPRESSION
    case LABEL1,
        COMMAND11, COMMAND12, ..., COMMAND1X
    case {LABEL21, LABEL22}
        COMMAND21, COMMAND22, ..., COMMAND2X
    otherwise,
        COMMAND-OTHER1, COMMAND-OTHER2, ..., COMMAND-LAST
end
```
である．EXPRESSION 部には評価式を書く．その計算結果が LABEL1 に一致するな
ら COMMAND11 から COMMAND1X までが実行される．計算結果が LABEL21 か
LABEL22 に一致するなら COMMAND21 から COMMAND2X までが実行される．も
しどれにも一致しないなら COMMAND-OTHER1 から COMMAND-LAST までが実

行される. 例えば

```
》  x=2;
》  switch x
》    case 1, disp('1')
》    case {2,3}, disp('23')
》    otherwise, disp('o')
》  end
```

を入力すると 23 が表示される.

3) while 文

while 文の基本構造は

    while CONDITION
      BODY
    end

である. CONDITION 部には関係演算子などを使った条件文を書く. これが真の時のみ命令文を書いた BODY 部 が実行される. BODY 部の実行が終了すると, 再び CONDITION 部の真偽がチェックされ, 真ならば再度 BODY 部が実行される. これは CONDITION 部が偽になるまで繰り返される.

4) for 文

for 文の基本構造は

    for VAR = EXPRESSION
      BODY
    end

である. VAR 部には変数名 (ループ変数名) を書く. EXPRESSION 部には, 通例, ベクトルに相当する式を書く. 例えば

```
》  sum = 0;
》  for x=1:3
》    sum = sum + x^3;
》  end
```

を入力すると sum は 36 になる.

1.4.4 ユーザー定義関数

関数を定義する時は, それを外部ファイルに記述する. このファイルを関数 M ファイルと呼び, そこで定義した関数名に「.m」をつけ加えた「関数名.m」というファイル名にしなければならない. 使い方は組み込み関数と同様である. ユーザー定義関数は 1 度コンピュータに読み込まれるとキャッシングされるので 2 回目以降の実行時間は短くて済む.

以下で, 関数の記述方法を説明する.

1) 戻り値と引数のない関数
   基本構造は

   　function NAME
   　　BODY

   である．NAME 部には関数名を書き，BODY 部には命令を書く．関数名は英数字やアン
   ダースコアから成り．数字から始まってはいけない．例えば

   ```
   function hello
     disp('Hello!')
   ```

   と書いた hello.m という名前の関数 M ファイルを作り，コマンドラインに hello と入力
   すると Hello! と出力される．

2) 引数を受取り 1 つの戻り値を返す関数
   基本構造は

   　function RET-VAL = NAME (ARG-LIST)
   　　BODY

   である．RET-VAL には戻り値を入れる変数名を書き，ARG-LIST にはカンマ (,) で区
   切った引数のリストを書く．戻り値を入れる変数も引数も局所変数 (関数内でのみ有効な
   変数) である．**引数も戻り値もスカラーとは限らず，ベクトルであっても良い．**　例えば

   ```
   function ret = ysin(x,y)
     ret1 = y(1)*sin(x);
     ret2 = y(2)*sin(x);
     ret = [ret1; ret2];
   ```

   と書いた ysin.m という名前の関数 M ファイルを作り，コマンドラインに

   ```
   》　t = ysin(2,[1 2])
   ```

   を入力すると
   　t　=
   　　　0.9093
   　　　1.8186
   を得る．

3) 引数を受取り複数の戻り値を返す関数
   基本構造は

   　function [RET-LIST] = NAME (ARG-LIST)
   　　BODY

   である．RET-LIST には戻り値を入れる変数名のリストを書く．**2) と同じく，引数も**

個々の戻り値もスカラーとは限らず，ベクトルであっても良い．例えば

```
function [sum,mul] = sm(x,y)
  sum = x + y;
  mul = x*y;
```

と書いた sm.m という名前の関数 M ファイルを作り，コマンドラインに

```
        》   [s,m] = sm(3,5)
```

を入力すると
```
  s   =
          8
  m   =
          15
```
を得る．

4) 関数の関数

基本構造は 2) や 3) と同様であるが，BODY 部で feval 関数を用いる．また，関数を呼び出す際，関数を指す引数には識別子 @ を先頭につけなければならない (変数を指す場合は @ が要らなかったことに注意する)．例えば

```
function ret = gfunc(func,x)
  ret = feval(func,x);
```

と書いた gfunc.m という名前の関数 M ファイルを作り，コマンドラインに

```
        》  gfunc(@sin,pi/6)
```

を入力すると
```
  ans  =
          0.5000
```
$(\sin(\pi/6)$ の値) と出力され，

```
        》  gfunc(@cos,pi/6)
```

を入力すると
```
  ans  =
          0.8660
```
$(\cos(\pi/6)$ の値) と出力される．なお，feval 関数の基本構造は
```
  feval(@NAME,ARG-LIST)
```

であり，これは関数値 NAME(ARG-LIST) を計算する命令である.

1.4.5　MATLAB スクリプトファイル

　MATLAB スクリプトファイルは，コマンド列から成るテキストファイルである. コマンドラインから命令を逐次入力する代わりに，このファイルに命令を書いておけばファイル名を入力するだけでそれを実行できる. なお，拡張子が「.m」である以外は名前のつけ方に制限はない. スクリプトファイルに書いた命令や変数は，コマンドラインから入力したものと同じ扱いである. よって，変数は局所変数ではない. 例えば，

```
s = 0;
for i=1:5
    s = s + i^2;
end
fprintf(´s = %d\n´,s);
```

と書いた script.m という名前の MATLAB スクリプトファイルを作り，コマンドラインに

```
》   script
```

を入力すると s = 55 と出力される. なお，スクリプトファイルを作成するのに，どのエディタを用いても良い. もし MATLAB 付属のエディタを用いるのならば，**[新規作成] (左クリック)** →
[スクリプト] (左クリック) を選択すれば良い.

1.5　データの可視化

　MATLAB にはグラフィックスコマンドが豊富に用意されているが，ここでは，いくつかの 2 次元および 3 次元グラフィックスコマンドに絞って説明する. また，グラフィックスを見易くするコマンドについても触れておく.

1.5.1　2 次元グラフィクス

　代表的なコマンドは plot 関数と fplot 関数である. plot 関数はベクトル値を引数に取り，fplot 関数は関数を引数に取る. まず，plot 関数について説明し，次に，fplot 関数について説明する.

1)　plot 関数
　　基本型は

```
        plot(X,Y,S)
```

である．ここで，X と Y はベクトルであり，$X = [x_1\ x_2 \ldots x_n]$ とするなら，Y はある関数 f についての関数値ベクトル $Y = [f(x_1)\ f(x_2) \ldots f(x_n)]$ である．S は文字列であり，ラインスタイルを指定するオプション（省略可能）である．代表的なオプションを表 1.3 に示す．例えば

```
≫   x = 0:pi/10:pi;
≫   y = sin(x);
≫   hdTmp = plot(x,y,'bo')
≫   % 以下のコマンドは，見た目の調整用．入力しなくても良い．
≫   xlabel('$x$','Interpreter', 'latex');
≫   ylabel('$y$','Interpreter', 'latex');
≫   set(gca,'FontSize',24);
≫   pbaspect([5 4 4]);
≫   set(gca,'LineWidth',1.5);
≫   set(hdTmp,'MarkerSize',10);
```

を入力すると図 1.2 が表示される．

表 1.3　関数のオプション

オプション	意味
b	青色で表示する
y	黄色で表示する
r	赤色で表示する
o	o マーカにする
x	x マーカにする
--	鎖線にする
-.	一点鎖線にする

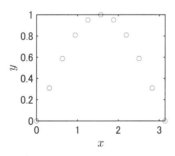

図 1.2　sin 関数のプロット例

※**スカラー値を引数とする sin 関数にベクトル値 $[x_1\ x_2 \ldots x_n]$ を与えると，関数値ベクトル $[\sin(x_1)\ \sin(x_2) \ldots \sin(x_n)]$ が返ってくる．MATLAB の組み込み関数はこのように通常の関数とは違った拡張された機能を持つ．**

plot 関数は複数の関数の関数値を 1 度に plot することもできる．この場合の書式は

```
plot(X1,Y1,S1,X2,Y2,S2,...)
```

である．$X1, X2, \ldots$ や $Y1, Y2, \ldots$ はベクトル値であり，入力値ベクトル X1 に対するある関数の出力値ベクトルが Y1，入力値ベクトル X2 に対する別の関数の出力値ベクトルが Y2 といった具合いである．$S1, S2, \ldots$ は文字列であり，それぞれの出力に対するオプションである．例えば

```
》   x  = 0:pi/10:pi;
》   y1 = sin(x);
》   y2 = cos(x);
》   plot(x,y1,'b',x,y2,'r')
```

を入力すると sin 関数と cos 関数がそれぞれ青色と赤色で表示される.

2) fplot 関数

基本型は

```
fplot(FUNC,LIMS,S)
```

である. FUNC は識別子 @ から始まる引数であり, 表示する関数を指す. LIMS はベクトルであり, 表示する横軸の範囲を表す. S は文字列であり, オプションを指定する. 例えば

```
》   fplot(@sin,[-pi pi])
```

を入力すると sin 波が 1 周期分表示される. なお, 複数の関数を表示するなら

```
》   fplot(@(x)[sin(x),cos(x)],[-pi pi])
```

というように書く. x は仮引数名であり何でも良い.

1.5.2　3 次元グラフィクス

これまでに 2 次元空間に 1 次元の曲面 (曲線) を描く関数を紹介した. ここでは, 3 次元空間に 2 次元の曲面を描くのに用いる surf 関数について述べる. 基本型は

```
surf(x,y,Z)
```

である. x, y はベクトルであり, Z は行列である. x の要素数を n, y の要素数を m とすると, $(\mathrm{x}(j),\mathrm{y}(i),\mathrm{Z}(i,j))$, $1 \leq j \leq n$, $1 \leq i \leq m$ なる点を全て含むように曲面が生成される. ここで, x の添字 j と y の添字 i が, それぞれ, Z の第 2 インデックスと第 1 インデックスに対応していることに注意する.

例えば, 関数 $(x+y)\exp(-x^2-y^2)$ $(-2 \leq x \leq 2,\ -3 \leq y \leq 3)$ の曲面を描くには次のようにする. ここで, length コマンドは引数に与えられたベクトルの要素数を返すことに注意せよ.

```
x=-2:0.2:2;
y=-3:0.2:3;
numx=length(x); % ベクトル x の要素数
numy=length(y); % ベクトル y の要素数
```

```
Z=zeros(numy,numx);
for i=1:numy
    Z(i,:) = (x+y(i)).*exp(-x.^2-y(i)^2);
end
surf(x,y,Z);
```

と書いた surfacePLOT.m という名前の MATLAB スクリプトファイルを作り，コマンドライ
ンに

```
》    surfacePLOT
》    % 以下のコマンドは，見た目の調整用．入力しなくても良い．
》    xlabel('$x$','Interpreter', 'latex');
》    ylabel('$y$','Interpreter', 'latex');
》    zlabel(' 関数');
》    set(gca,'FontSize',18);
》    set(gca,'LineWidth',1.5);
```

を入力すると図 1.3 が表示される．

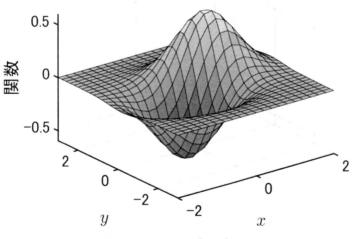

図 1.3　関数 $(x + y)\exp(-x^2 - y^2)$ のプロット例

1.5.3　グラフィクス支援コマンド

グラフィックスを見易くするコマンドをいくつか紹介する．

• grid コマンド

グラフから座標値を読む時にグリッドがあれば読みやすい. グリッドをつけるにはグラフを表示後, コマンドラインに

```
》   grid
```

を 1 度だけ入力する. もう 1 度入力するとグリッドが解除される. グリッドの間隔を変更するにはプロパティエディタを使う. これを起動するには, Figure ウインドウにて **[編集] (左クリック) → [Axes プロパティ] (左クリック)** を選択する.

- figure コマンド

  新しい Figure ウィンドウを作成したり, カレントの Figure ウィンドウを変更する時に使う. 新しいウィンドウを作成するなら

```
》   figure
```

を入力する. カレントを 2 番の Figure ウィンドウに変更するなら

```
》   figure(2)
```

を入力する.

- hold コマンド

  Figure ウィンドウに既存の表示を残したまま重ね描きしたい時は

```
》   hold
```

を 1 度だけ入力する. もう 1 度入力すると解除される.

- subplot コマンド

  1 つの Figure ウィンドウに複数個のグラフを並べて表示したい時に使うコマンドである. 基本型は

```
subplot(m,n,p)
```

である. これは, m 行 n 列, 計 $m \times n$ 個の表示スペースを 1 つの Figure ウィンドウ内に確保し, 第 p 番目の表示スペースをカレントウィンドウとして設定する. 例えば

```
》   subplot(1,2,1);
》   fplot(@sin,[-pi pi]);
》   subplot(1,2,2);
》   fplot(@cos,[-pi pi]);
```

を入力すると, 1 つの Figure ウィンドウに 2 つの表示スペースが横並びに現れ, 左側に sin 波, 右側に cos 波が表示される.

応用事項

1.6 微分方程式の数値解法

前副節までで, MATLAB の基本的な使い方を説明した. ここからいよいよ数値シミュレーション方法の説明に入る. まず常微分方程式の例を挙げた後, 常微分方程式の数値解について述べ, 次に, これを求める方法を述べる.

1.6.1 常微分方程式の例

常微分方程式とは

$$\frac{\mathrm{d}y}{\mathrm{d}t}(t) = \frac{2t}{(1+t^2)y(t)}, \qquad y(0) = -1$$

のように微分を含む方程式である. ここで, y は t の未知関数であり, 上の方程式は y が満たすべき条件を表す. MATLAB は数値計算を得意とするが, 数式処理もできる. 方程式の解を dsolve 関数を用いて求めてみよう [14]. コマンドラインに

```
》   y_sol = dsolve('Dy=2*t/((1+t^2)*y)','y(0)=-1')
```

を入力すると

y_sol =
$-2^\wedge(1/2) * (\log(\text{t}^\wedge 2 + 1) + 1/2)^\wedge(1/2)$
と出力される. これより解は

$$y(t) = -(2\ln(t^2 + 1) + 1)^{1/2}$$

である.

この解 $y(t)$ の軌道を表示するには, まずコマンドラインに

```
》   syms t
```

を入力し, 変数 t を記号として宣言する. 次に,

```
》   t_plot=0:1/10:10;
》   y_plot=subs(y_sol,t,t_plot);
》   plot(t_plot,y_plot)
```

と入力すると, 図 1.4 のように $y(t)$ が表示される.

1.6.2 常微分方程式の数値解

常微分方程式の初期値問題

$$\frac{\mathrm{d}z}{\mathrm{d}t}(t) = f(t, z(t)), \qquad z(0) = z_0 \tag{1.2}$$

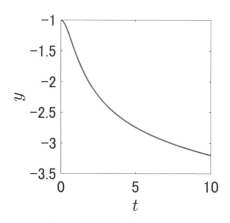

図 1.4　微分方程式の解 $y(t)$

を考える. ただし, 初期条件における z_0 は定数であり, f と合わせて予め与えられるものである. z, z_0, f はベクトルである. 「この方程式を解く」とは, 「t の関数の中で, $t = 0$ の時は z_0 に一致し, $t \geq 0$ においては微分すると $f(t, z(t))$ に一致するものを見つける」ことを意味する.

　しかしながら, 一般には $z(t)$ が t だけを使った具体的な形で書ける (言い換えれば, 解が陽に求まる) のはむしろ稀である. そこで, 次のような考えに沿って, 解を数値的に求めてそれで代用する.

　$z(t)$ とは, そもそもその定義域 D から取ってきたどんな要素 t_{any} に対してもそれに対応する値 $z(t_{any})$ を与える写像である. したがって, 「解 (解析解) が求まった」とは「D の要素それぞれに対して対応する値がわかった」ということである. D が連続集合なら $\{(t, z(t))|t \in D\}$ の要素数は無限個ある.

　この無限個の組 $(t, z(t))$ (ただし, $t \in D$) がわからない, あるいはこれを知るのが困難であるならば, D から有限個の要素を取り出した集合 D_0 に対して $\{(t, z(t))\}$ を求める. これが (時間) 離散解である. しかし, この $z(t)$ も正確にまず求まらないので, 結局は近似値で済ませる. これが (時間) 離散近似解である.

　通例 D_0 には $\{t_n|t_n = nT/N,\ 0 \leq n \leq N\}$ が選ばれる. ここで, N はある自然数であり, T は終端時刻を指す. したがって, $z(t_n)$ の近似値を $\tilde{z}_n$ と書くと, $\{(t_n, \tilde{z}_n)|1 \leq n \leq N\}$ を求めるのが当面の課題である.

1.6.3　数値解を求める MATLAB の関数

　MATLAB には, (1.2) のタイプの微分方程式を数値的に解く関数が数多く用意されている. それらの関数には要求精度や対象とする方程式の性質という点で違いがある. ここでは一般によく使われる ode45 関数を使って説明していく.

　もし高階の微分方程式が与えられたならば, まずそれを一階の微分方程式の形に直す. これには関係式 $\left(\mathrm{d}y^{(m-1)}/\mathrm{d}t\right)(t) = y^{(m)}(t)$ を利用する. 例えば

$$\frac{\mathrm{d}^2 y}{\mathrm{d}t^2}(t) = g\left(t, y(t), \frac{\mathrm{d}y}{\mathrm{d}t}(t)\right)$$

は

$$z_1(t) = y(t), \qquad z_2(t) = \frac{\mathrm{d}y}{\mathrm{d}t}(t)$$

とおくと

$$\frac{\mathrm{d}z_1}{\mathrm{d}t}(t) = z_2(t), \qquad \frac{\mathrm{d}z_2}{\mathrm{d}t}(t) = g\left(t, z_1(t), z_2(t)\right)$$

と書ける. ここで,

$$\boldsymbol{z}(t) = \left[\begin{array}{c} z_1(t) \\ z_2(t) \end{array}\right]$$

であるから

$$\frac{\mathrm{d}\boldsymbol{z}}{\mathrm{d}t}(t) = \left[\begin{array}{c} (\mathrm{d}z_1/\mathrm{d}t)(t) \\ (\mathrm{d}z_2/\mathrm{d}t)(t) \end{array}\right] = \left[\begin{array}{c} z_2(t) \\ g\left(t, z_1(t), z_2(t)\right) \end{array}\right]$$

となり, この右辺を $\boldsymbol{f}(t, \boldsymbol{z}(t))$ と書けば (1.2) に帰着できる.

ode45 関数の基本的な使い方は

```
[t, z] = ode45(@ZDOT,[T0 T1 ... TN],Z0)
```

である. ZDOT は単なる文字の並びであり, $\boldsymbol{f}$ を定義した関数名を指す. **ZDOT で指定される関数がベクトル値関数なら, 縦ベクトルを返す関数として実現しなければならない.** また, 第 1 引数は関数を指すので, 識別子 @ をつけなければならない (変数を指す場合は @ が要らなかったことに注意する). T0, T1, ..., TN はスカラー値であり, $t_0, t_1, \ldots, t_N$ に対応する. Z0 はスカラー値あるいはベクトル値であり, 初期値 z_0 に対応する. もっと単純な使い方は

```
[t, z] = ode45(@ZDOT,[T0 TN],Z0)
```

である. この場合, 途中の T1, T2, ... は自動的に決定される.

まず, 簡単な使用例として

$$\frac{\mathrm{d}z}{\mathrm{d}t}(t) = \frac{1}{10}z(t), \quad z(0) = 1$$

を考える. (1.2) の $\boldsymbol{f}$ に対応する

```
function zout = zdot_simple(t,z)
    zout = z/10;
```

と書いた zdot_simple.m という名前の関数 M ファイルを作り, コマンドラインに

```
》  z0 = 1;
》  [t, z] = ode45(@zdot_simple,[0 1],z0);
```

と入力すると, 離散時刻が変数 t に代入され, 離散時刻における $z(t) = \exp(t/10)$ の近似値が変数 z に代入される. この例では, 0 から 1 までの間の離散時刻が自動的に決定されるが, もし途中の離散時刻を手動で指定したいのであれば, コマンドラインに

```
》   tStart = 0; tEnd = 1;
》   h = (tEnd-tStart)/32;
》   tTmpVec = tStart:h:tEnd;
》   z0 = 1;
》   [t, z] = ode45(@zdot_simple,tTmpVec,z0);
```

というふうに入力すれば良い.

次に, もう少し複雑な例として

$$\frac{\mathrm{d}z_1}{\mathrm{d}t}(t) = 1 + \frac{(qr-1)z_1(t)}{q} - \frac{az_1(t)z_2(t)}{1+bz_1(t)}, \quad \frac{\mathrm{d}z_2}{\mathrm{d}t}(t) = \frac{acz_1(t)z_2(t)}{1+bz_1(t)} - pz_2(t), \quad (1.3)$$

$$\begin{bmatrix} z_1(0) \\ z_2(0) \end{bmatrix} = \begin{bmatrix} 1 \\ 2 \end{bmatrix}$$

を考える. $a = b = c = p = q = r = 1$ の時の f に対応する

```
function zout = zdot_type1(t,z)
    a=1; b=1; c=1; p=1; q=1; r=1;
    zdot1=1+(q*r-1)*z(1)/q-a*z(1)*z(2)/ (1+b*z(1));
    zdot2=a*c*z(1)*z(2)/(1+b*z(1))-p*z(2);
    zout = [zdot1; zdot2];
```

と書いた zdot_type1.m という名前の関数 M ファイルを作り, コマンドラインに

```
》   z0 = [1;2];
》   [t, z] = ode45(@zdot_type1,[0 5],z0);
》   plot(t,z(:,1),t,z(:,2),'--');
```

と入力すると, 図 1.5 のように $z_1(t)$ の軌道 (実線) と $z_2(t)$ の軌道 (鎖線) が表示される. ここで, (1.3) と zdot_type1.m において,

$$\frac{\mathrm{d}z_1}{\mathrm{d}t}(t) \Leftrightarrow \text{zdot1}, \quad \frac{\mathrm{d}z_2}{\mathrm{d}t}(t) \Leftrightarrow \text{zdot2}, \quad z_1(t) \Leftrightarrow \text{z(1)}, \quad z_2(t) \Leftrightarrow \text{z(2)}$$

という対応関係に注意せよ. また, (1.2) における $z(t)$ と $f(t, z(t))$ が, (1.3) に対しては

$$z(t) = \begin{bmatrix} z_1(t) \\ z_2(t) \end{bmatrix}, \quad f(t, z(t)) = \begin{bmatrix} 1 + \frac{(qr-1)z_1(t)}{q} - \frac{az_1(t)z_2(t)}{1+bz_1(t)} \\ \frac{acz_1(t)z_2(t)}{1+bz_1(t)} - pz_2(t) \end{bmatrix}$$

によって与えられていることにも注意せよ.

上の例では, パラメータ a, b, c, p, q, r の値を変更する度に zdot_type1.m を書き換えなければならない. この不便さを解消する ode45 の別の単純な使い方は

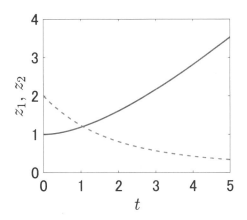

図 1.5 微分方程式の解 $z_1(t)$ と $z_2(t)$

```
[t, z] = ode45(@ZDOT,[T0 TN],Z0,'',ARG-LIST)
```

である. ここで, 4 番目の引数は空の文字列 (シングルクォート (') とシングルクォートの間に空白を含まない) であり, ARG-LIST はカンマ (,) で区切った引数のリストである. 4 番目の引数には ode45 に与えるオプションを書くが, 通例特に指定する必要はなく空の文字列のままで良い. ARG-LIST のリストには, ZDOT で指定される関数の 3 番目以降の引数のリストを書く.

例えば, 先ほどの f に対応する

```
function zout = zdot_type2(t,z,a,b,c,p,q,r)
    zdot1=1+(q*r-1)*z(1)/q-a*z(1)*z(2)/ (1+b*z(1));
    zdot2=a*c*z(1)*z(2)/(1+b*z(1))-p*z(2);
    zout = [zdot1; zdot2];
```

と書いた zdot_type2.m という名前の関数 M ファイルを作り, コマンドラインに

```
》  z0 = [1;2];
》  a=1.5; b=0.16; c=0.9;
》  p=0.8; q=1.4; r=0.25;
》  [t,z]=ode45(@zdot_type2,[0 5],z0,'',a,b,c,p,q,r);
》  plot(t,z(:,1),t,z(:,2),'--');
```

と入力すると, 図 1.6 のように $z_1(t)$ の軌道 (実線) と $z_2(t)$ の軌道 (鎖線) が表示される.

1.6.4 ルンゲ・クッタ法

(1.2) のタイプの常微分方程式を数値的に解く方法は数多く提案されている. それらには要求精度や対象とする方程式の性質という点で違いがある. ここではまず, 最も基本的な解法である

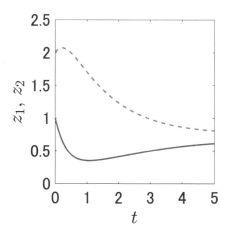

図 1.6　微分方程式の解 $z_1(t)$ と $z_2(t)$

オイラー法を紹介する.

オイラー法とは, (1.2) の左辺を前進差分で近似して得られる方法である.

$t = t_0$ の時 (1.2) の左辺を前進差分で置き換え

$$\frac{\tilde{z}_1 - z_0}{h} = \boldsymbol{f}(t_0, z_0),$$

これを整理すると

$$\tilde{z}_1 = z_0 + h\boldsymbol{f}(t_0, z_0) \tag{1.4}$$

を得る. ここで, $h \overset{\text{def}}{=} T/N$ である. この式において, z_0 は初期条件で与えられているから, これを用いれば直ちに $z(t_1)$ の近似値 $\tilde{z}_1$ を得る. 次に, (1.4) の右辺にて, この $\tilde{z}_1$ を z_0 の代わり, t_1 を t_0 の代わりに用いれば, 今度は $z(t_2)$ の近似値 $\tilde{z}_2$ を与える式

$$\tilde{z}_2 = \tilde{z}_1 + h\boldsymbol{f}(t_1, \tilde{z}_1)$$

を得る. 以下同様にして, $\tilde{z}_3, \tilde{z}_4, \ldots, \tilde{z}_N$ を逐次的に得る.

以上の手続きを一般化して, 漸化式で書くと

$$\tilde{z}_{n+1} = \tilde{z}_n + h\boldsymbol{f}(t_n, \tilde{z}_n) \quad (n = 0, 1, \ldots, N-1)$$

となる (ただし, $\tilde{z}_0 = z_0$ とする). これがオイラー法である. h が十分小さくなるように N を定めた時, 近似解 $\tilde{z}_N$ の誤差は $K_e h$ 程度の大きさ (K_e は h に依存しない正の数) になる.

オイラー法よりずっと精度の良い方法として, 次の古典的ルンゲ・クッタ法がよく知られている.

$$\tilde{z}_{n+1} = \tilde{z}_n + \frac{1}{6}h(\boldsymbol{k}_1 + 2\boldsymbol{k}_2 + 2\boldsymbol{k}_3 + \boldsymbol{k}_4) \qquad (n = 0, 1, \ldots, N-1),$$
$$\boldsymbol{k}_1 = \boldsymbol{f}(t_n, \tilde{z}_n),$$
$$\boldsymbol{k}_2 = \boldsymbol{f}\left(t_n + \frac{1}{2}h, \tilde{z}_n + \frac{1}{2}h\boldsymbol{k}_1\right),$$

$$k_3 = f\left(t_n + \frac{1}{2}h, \tilde{z}_n + \frac{1}{2}hk_2\right),$$
$$k_4 = f(t_n + h, \tilde{z}_n + hk_3).$$

h が十分小さくなるように N を定めた時, この解法による近似解 $\tilde{z}_N$ の誤差は $K_c h^4$ 程度の大きさ (K_c は h に依存しない正の数) になる.

1.7 アニメーション

第 1.5 節では, 高機能を持ったグラフィックスコマンドを紹介した. これらのコマンドは使いやすい反面, 表示速度が遅いという欠点を持つ. 本節では, 低機能ではあるが表示速度の速い関数を紹介し, これらを用いたアニメーションの実現方法を述べる.

1.7.1 低機能グラフィックス関数

MATLAB で描画される図は, その図を特徴づける様々な属性によって定義されている. 1 つの図に関する属性全ての集まりを handle と呼ぶ. また, 1 つの図の handle を特定する値を handle 値と呼ぶ. 低機能グラフィックス関数は, handle の特定の要素だけを書き換えることを可能にする.

図の handle 値を取得するには, グラフィックス関数から変数へ handle 値を代入してやれば良い. 例えば, コマンドラインに

```
》   a=plot(sin(0:0.1:pi));
```

と入力すると, 変数 a に sin 関数の図の handle 値が代入される (この属性を表示するには, get(a) と入力する). 軸の handle 値を取得するには, gca コマンドを用いる.

handle の特定の属性を変更する関数は set である. 書式は

```
set(HA,ATR,NEWATR)
```

である. ここで, HA は handle 値である. ATR は 文字列であり, ここには変更する属性名を書く. NEWATR には更新値を書く. 例えば,

set(baseSURF,'zdata',Z);

と書けば, baseSURF という handle の属性 'zdata' (Z 座標) に変数 Z で表されたデータ値を設定できる.

1.7.2 アニメーション方法

アニメーション手順は, 図の handle 値の取得, 描画範囲の指定, 属性の変更, 描画である. 描画範囲を設定するには axis 関数を使う. 書式は

```
axis([XMIN XMAX YMIN YMAX ZMIN ZMAX])
```

である. XMIN, ..., ZMAX は数値であり, それぞれ, X, Y, Z 各座標の描画範囲の最小値と最大値である. この関数はグラフィックコマンドの後で実行しなければならない. グラフィックバッファに蓄積された図を直ちに描画するには drawnow コマンドを用いる.

以下に, 時間 t の変化とともに形状が変わる関数 $z(x,y,t) = \sin(2\pi x + 2\pi t)$ $(0 \leq x \leq 1, 0 \leq y \leq 0.2)$ のアニメーション例を示す.

```
x=0:0.01:1;
y=0:0.05:0.2;
numx=length(x);
numy=length(y);
Z=zeros(numy,numx);
baseZ=sin(2*pi*x);
for i=1:numy
    Z(i,:)=baseZ;
end
baseSURF=surf(x,y,Z); % 図の handle 値の取得
axis([0 1 0 0.2 -1 1]); % 描画範囲の指定
set(gca,'SortMethod','childorder'); % 描画速度向上
for t=0.1:0.1:10
    baseZ=sin(2*pi*x+2*pi*t);
    for i=1:numy
        Z(i,:)=baseZ;
    end
    set(baseSURF,'zdata',Z); % 属性の変更
    drawnow; % 描画
end
```

と書いた animation.m という名前の MATLAB スクリプトファイルを作り, コマンドラインに

```
》  animation
```

と入力すると, アニメーションが始まる.

1.8　データファイル

計算結果をテキストファイルに落としたり, テキストファイルのデータを MATLAB で表示する方法を述べる. 変数に設定された値をテキストファイルに落とすには, save コマンドを用いる. 例えば, コマンドラインに

```
》    t=0:1.0/256.0:2*pi;
》    y=cos(t);
》    data=[t' y'];
》    save ('datafile','data','-ASCII');
```

と入力する. ここで datafile は出力するテキストファイルを指す. datafile の 1 列目には t の値が, 2 列目には y の値が並ぶ.

datafile からデータを読み込み, それをプロットするには

```
》    ldata=load('datafile');
》    plot(ldata(:,1),ldata(:,2));
```

と入力する.

1.9 ヘルプ

これまで MATLAB の使い方を詳しく説明した. しかし, 実際にプログラムを組むにあたってもっと情報が必要なこともあるだろう. その時は, オンラインマニュアルが役立つ. Help ウィンドウを起動するには, **[ヘルプ] (左クリック)** → **[MATLAB ヘルプ] (左クリック)** を選択する. その後, 副ウィンドウの索引や検索を使って調べる.

コマンドラインからのヘルプは

```
》    help キーワード
```

といった使い方をする. これでヒットしない時は

```
》    lookfor キーワード
```

とする. これならヘルプの中身を検索し, 関連のある記述を表示できる.

1.10 演習問題

[基本]

(1) 以下の連立 1 次方程式を解きなさい.

$$\begin{bmatrix} -1.1 & 2.2 & 3.3 \\ 2.1 & -3.2 & 4.3 \\ 3.1 & 4.2 & -5.3 \end{bmatrix} \begin{bmatrix} x_1 \\ x_2 \\ x_3 \end{bmatrix} = \begin{bmatrix} 1 \\ 0 \\ -1 \end{bmatrix}$$

(2) 5×5 の行列を保存する為に必要な記憶領域を 1 度の処理で変数 a に割り当てなさい. 割

り当て後, ワークスペースを見て, 必要な領域が割り当てられたことを確認しなさい.

(3) 変数 A に 2 次の正方行列, 変数 b, c に 2 次の縦ベクトル, 変数 s にスカラー値が設定されているとする. この時, 「行列の合成」を使って

$$\begin{bmatrix} s & c^\top \\ b & A \end{bmatrix}$$

なる行列 D を出力する MATLAB スクリプトファイルを作りなさい. ここで, $c^\top$ はベクトル c の転置を表す.

(4) 変数 A に 2 次の正方行列, 変数 b, c に 2 次の縦ベクトル, 変数 s にスカラー値が設定されているとする. この時, 「行列の合成」を使わずに

$$\begin{bmatrix} s & c^\top \\ b & A \end{bmatrix}$$

なる行列 D を出力する MATLAB スクリプトファイルを作りなさい. **[基本]** (2) を参考にして, まず, D に必要な記憶領域を 1 度の処理で割り当てなさい. その後に, D の該当する成分へ, 要求された行列やベクトルの成分を代入しなさい.

(5) plot 関数を使って以下の関数のグラフを描きなさい.

$$f(x) = \frac{x^2}{1+x^2} \qquad (-3 \le x \le 3).$$

(6) help コマンド (第 1.9 節参照) を使って plot3 関数の説明を一読した後, 以下の関数のグラフを描きなさい. その際, グリッドをつけなさい.

$$\big(\sin(t), \cos(t), t\big) \qquad (0 \le t \le 10\pi).$$

(7) 第 1.6.3 節では, ode45 の簡単な使用例を紹介した. それを参考にして

$$\frac{\mathrm{d}y}{\mathrm{d}t}(t) = \frac{2t}{(1+t^2)y(t)}, \qquad y(0) = -1$$

を数値的に解き, その解をグラフ表示しなさい.

(8) 第 1.6.3 節では, 2 次元の微分方程式に対する ode45 の使用例も紹介した. それを参考にして

$$\frac{\mathrm{d}z_1}{\mathrm{d}t}(t) = z_1(t)(1-z_2(t)), \quad \frac{\mathrm{d}z_2}{\mathrm{d}t}(t) = -z_2(t)(1-z_1(t)),$$

$$\begin{bmatrix} z_1(0) \\ z_2(0) \end{bmatrix} = \begin{bmatrix} 0.5 \\ 0.5 \end{bmatrix}$$

を数値的に解き, その解をグラフ表示しなさい.

[標準]

(1) 変数 A に n 次の正方行列, 変数 b, c に n 次の縦ベクトル, 変数 s にスカラー値が設定されているとする. この時, 「行列の合成」を使わずに

$$\begin{bmatrix} s & c^\top \\ b & A \end{bmatrix}$$

なる行列 D を出力する MATLAB スクリプトファイルを作りなさい. **[基本]** (2) を参考にして, まず, D に必要な記憶領域を 1 度の処理で割り当てなさい. ベクトル b の要素数を求めるには関数 length を使い, length(b) と書く.

(2) 微分方程式

$$\frac{\mathrm{d}^2 y}{\mathrm{d}t^2} - \mu(1-y^2)\frac{\mathrm{d}y}{\mathrm{d}t} + y = 0$$

を考える.

i) $y(0)=2, \frac{\mathrm{d}y}{\mathrm{d}t}(0)=0, \mu=1$ として上の微分方程式を数値的に解き, その解をグラフ表示しなさい.

ii) $y(0)=2, \frac{\mathrm{d}y}{\mathrm{d}t}(0)=0, \mu=2$ として上の微分方程式を数値的に解き, この解を i) の解とともにグラフ表示しなさい. ただし, 1 枚の figure ウィンドウを使って左側に i) の解, 右側に ii) の解を表示しなさい.

(3) 関数 $(x+y+v(t))\exp(-x^2-y^2)$ $(-2 \le x \le 2, -3 \le y \le 3, 0 \le t \le 10)$ によって表される表面の動きをアニメーションしなさい. ただし, 関数 v は

$$v(t) = 5\sin(\pi t)$$

とする.

[発展]

(1) 以下の指示にしたがってプログラムを作りなさい.

i) 音の高さは周波数によって決まる. 例えば, 音楽の「ラ」の音の周波数は 440 [Hz] である. 一般に, 音楽の音の周波数 f は

$$f = 440 \times 2^{(n/12)}$$

によって表現できる. ここで, n は整数であり, $n=-9,-8,-7,\ldots,2$ が, それぞれ, ド, ド$^\#$, レ,..., シに対応する. この式を利用して, 次の仕様を満たす関数 M ファイル sfunc を作成しなさい.

　　時刻 0.5 までは「ド」の周波数を持った sin 関数の関数値を返す. その後時刻 1 まで「レ」, その後時刻 2 まで「ミ」, その後「ド」の周波数を持った sin 関数の関数値を返す.

　　なお, 時間変数を t とすると, 周波数 f の sin 関数は $\sin(2\pi ft)$ と書ける.

ii) 時間 1/10000 毎に時刻 0 から時刻 5 までの sfunc の値を変数 sdata に保存するプログラムを作りなさい.

iii) ii) のプログラムを実行した後, コマンドラインに sound(sdata,10000) と入力して音を出しなさい.

(2) 第 1.4.4 節 4) に注意し, オイラー法を用いて **[標準]** (2) を解きなさい.

(3) 第 1.4.4 節 4) に注意し, 古典的ルンゲ・クッタ法を用いて **[標準]** (2) を解きなさい.

(4) 第 1.4.4 節 4) に注意し, オイラー法を用いて

$$\left[\begin{array}{c} \frac{\mathrm{d}z_1}{\mathrm{d}t}(t) \\ \frac{\mathrm{d}z_2}{\mathrm{d}t}(t) \end{array}\right] = \left[\begin{array}{cc} 0 & -2 \\ 2 & -1 \end{array}\right] \left[\begin{array}{c} z_1(t) \\ z_2(t) \end{array}\right] + \left[\begin{array}{c} -\frac{1}{5}(z_1(t)+z_2(t))^5 z_2(t) \\ \frac{1}{5}(z_1(t)+z_2(t))^5 z_1(t) \end{array}\right],$$

$$\left[\begin{array}{c} z_1(0) \\ z_2(0) \end{array}\right] = \left[\begin{array}{c} \frac{1}{2} \\ \frac{1}{2} \end{array}\right]$$

を $t=1$ まで解き, 時間の刻み幅 h に対する誤差の変化を調べなさい. ただし, 真の値 $\boldsymbol{z}(1) = [z_1(1)\ z_2(1)]^{\top}$ は正確にはわからないので, $h = 2^{-7}$ のオイラー法で得られた $t=1$ における近似値を真の値として代用して良い. また, 2^{-7} より大きな $h \in \{2^{-1}, 2^{-2}, \dots, 2^{-5}\}$ に対する数値解を $\tilde{\boldsymbol{z}}$ とする時, 誤差を $\|\tilde{\boldsymbol{z}} - \boldsymbol{z}(1)\| = \sqrt{\sum_{i=1}^{2}(\tilde{z}_i - z_i(1))^2}$ で与える.

(5) (4) において, オイラー法を古典的ルンゲ・クッタ法に置き換え, 誤差の変化を調べなさい.

第 2 章

物体の運動

　力学に基づいて常微分方程式で記述される物体の運動を取り扱う．このような運動を解析する場合，一般に次の 2 つの作業に分けられる．

1) 運動方程式 (運動を表す微分方程式) をたてる，
2) 得られた運動方程式を解く．

　後者の作業を遂行する為に「物理学」や「微分方程式」の講義では，微分方程式の解を解析的に求める方法，つまり，解を独立変数の関数として具体的に表す方法を扱う．しかしながら，この方法で解が求まるのは限られた場合のみである．また，微分方程式の型に応じて様々な解法があり，それらを習得するにはかなりの数学的訓練を要する．一方，数値解法ではそのような制限はなく，ほとんどの方程式が同じようにして解ける．したがって，本章では，数値解法を用いて運動方程式を解き，物体の運動を解析する．

　前章で常微分方程式の数値解法を説明したので，ここでは運動方程式をたてるのに必要となることがらを述べる．

2.1　速度と加速度

　ある点 O を原点とし, O から別の点 P へのベクトル $\boldsymbol{r}$ を点 P の位置ベクトルという. 点 P が時間の経過とともに動く時, 位置ベクトルは時間 t の関数なので, $\boldsymbol{r}(t)$ と書く. この時, 点 P の速度ベクトル $\boldsymbol{v}(t)$ は

$$\boldsymbol{v}(t) \overset{\text{def}}{=} \frac{\mathrm{d}\boldsymbol{r}}{\mathrm{d}t}(t)$$

で与えられる. ここで, 右辺の微分は成分毎の微分を意味する. 例えば, $\boldsymbol{r}(t)$ が 2 次元のデカルト座標 (図 2.1) で与えられていて, その x 成分と y 成分がそれぞれが $r_x(t)$ と $r_y(t)$ なら

$$\frac{\mathrm{d}\boldsymbol{r}}{\mathrm{d}t}(t) = \left[\begin{array}{c} \frac{\mathrm{d}r_x}{\mathrm{d}t}(t) \\[2mm] \frac{\mathrm{d}r_y}{\mathrm{d}t}(t) \end{array}\right]$$

である. 同様にして, 加速度ベクトル $\boldsymbol{a}(t)$ は

$$\boldsymbol{a}(t) \overset{\text{def}}{=} \frac{\mathrm{d}\boldsymbol{v}}{\mathrm{d}t}(t) = \frac{\mathrm{d}^2\boldsymbol{r}}{\mathrm{d}t^2}(t)$$

で与えられる. また, x 方向の単位ベクトル $\boldsymbol{i}$ と y 方向の単位ベクトル $\boldsymbol{j}$ を用いれば

$$\boldsymbol{r}(t) = r_x(t)\boldsymbol{i} + r_y(t)\boldsymbol{j}, \quad \boldsymbol{v}(t) = \frac{\mathrm{d}r_x}{\mathrm{d}t}(t)\boldsymbol{i} + \frac{\mathrm{d}r_y}{\mathrm{d}t}(t)\boldsymbol{j}, \quad \boldsymbol{a}(t) = \frac{\mathrm{d}^2r_x}{\mathrm{d}t^2}(t)\boldsymbol{i} + \frac{\mathrm{d}^2r_y}{\mathrm{d}t^2}(t)\boldsymbol{j} \quad (2.1)$$

と表せる.

　一方, $\boldsymbol{r}(t)$ が極座標 (図 2.1) で与えられていて, その動径方向成分が $r(t)$ なら, 動径方向の単位ベクトル $\boldsymbol{e}_r(t)$ を用いて

$$\boldsymbol{r}(t) = r(t)\boldsymbol{e}_r(t) \tag{2.2}$$

と表せる. 角度方向の単位ベクトルを $\boldsymbol{e}_\theta(t)$ とすると

$$\boldsymbol{e}_r(t) = \cos\theta(t)\boldsymbol{i} + \sin\theta(t)\boldsymbol{j}, \qquad \boldsymbol{e}_\theta(t) = -\sin\theta(t)\boldsymbol{i} + \cos\theta(t)\boldsymbol{j}$$

なので, 両式の両辺を微分して整理すると

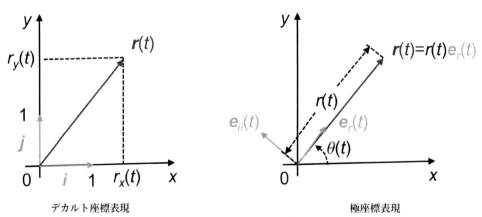

デカルト座標表現　　　　　　　　　　　　　　極座標表現

図 2.1　位置ベクトルの表し方

$$\frac{\mathrm{d}\boldsymbol{e}_r}{\mathrm{d}t}(t) = \omega(t)\boldsymbol{e}_\theta(t), \qquad \frac{\mathrm{d}\boldsymbol{e}_\theta}{\mathrm{d}t}(t) = -\omega(t)\boldsymbol{e}_r(t)$$

を得る. ただし, $\omega(t)$ は角速度で $\omega(t) \overset{\text{def}}{=} (\mathrm{d}\theta/\mathrm{d}t)(t)$ である. これらを用いて, 速度ベクトルと加速度ベクトルは

$$\boldsymbol{v}(t) = \frac{\mathrm{d}r}{\mathrm{d}t}(t)\boldsymbol{e}_r(t) + r(t)\omega(t)\boldsymbol{e}_\theta(t), \tag{2.3}$$

$$\boldsymbol{a}(t) = \left(\frac{\mathrm{d}^2 r}{\mathrm{d}t^2}(t) - r(t)\big(\omega(t)\big)^2\right)\boldsymbol{e}_r(t) + \left(2\frac{\mathrm{d}r}{\mathrm{d}t}(t)\omega(t) + r(t)\frac{\mathrm{d}\omega}{\mathrm{d}t}(t)\right)\boldsymbol{e}_\theta(t) \tag{2.4}$$

となる.

2.2 ニュートンの運動の 3 法則

ニュートンは, 力と運動に関する基本法則を与えた. それらを紹介する.

慣性の法則 (ニュートンの第 1 法則)

力が働かなければ, 物体は静止状態, あるいは, 直線上の一様な運動状態を保ち続ける.

運動方程式 (ニュートンの第 2 法則)

速度の変化率すなわち加速度は, 及ぼされる力に比例し, 力と同じ向きを持つ.

第 2 法則は, 物体の質量を m, 力を $\boldsymbol{F}(t)$ として

$$\boldsymbol{a}(t) = \frac{\boldsymbol{F}(t)}{m}$$

と書かれる. これを運動方程式と呼ぶ. 質量の単位を kg, 加速度の単位を m/s^2 とする時, 力の単位は kg·m/s^2 となる. これをニュートンと呼び, N と書く.

作用反作用の法則 (ニュートンの第 3 法則)

物体に力を加えると, 物体から大きさが同じで逆向きの力を受ける.

2.3 慣性力

図 2.2 に示すように 2 つの座標系 O 系と O' 系を考え, 物体の O 系での位置ベクトルを

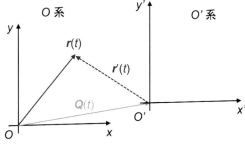

図 2.2 2 つの座標系

$r(t)$, O' 系での位置ベクトルを $r'(t)$ とし, O' 系の原点に対する O 系での位置ベクトルを $Q(t)$ とする. この時,

$$r(t) = Q(t) + r'(t), \quad \frac{\mathrm{d}r}{\mathrm{d}t}(t) = \frac{\mathrm{d}Q}{\mathrm{d}t}(t) + \frac{\mathrm{d}r'}{\mathrm{d}t}(t), \quad \frac{\mathrm{d}^2 r}{\mathrm{d}t^2}(t) = \frac{\mathrm{d}^2 Q}{\mathrm{d}t^2}(t) + \frac{\mathrm{d}^2 r'}{\mathrm{d}^2 t}(t)$$

が成り立つ. よって, もし O 系での運動方程式が

$$m\frac{\mathrm{d}^2 r}{\mathrm{d}t^2}(t) = F(t)$$

であるなら, O' 系での運動方程式は

$$m\frac{\mathrm{d}^2 r'}{\mathrm{d}t^2}(t) = F(t) - m\frac{\mathrm{d}^2 Q}{\mathrm{d}t^2}(t)$$

となる. これより, O 系から見て加速度 $(\mathrm{d}^2 Q/\mathrm{d}t^2)(t)$ で運動している O' 系では, 力 $F(t)$ に加えて別の力 $-m(\mathrm{d}^2 Q/\mathrm{d}t^2)(t)$ が働くことがわかる. この力を慣性力と呼ぶ. 我々は, 車で急発進した時に後ろに引っ張られるのを経験から知っている. これは, 車の中 (O' 系) に居る人には慣性力が働くからに他ならない.

2.4　万有引力

　大きさを持たない理想的な物体を質点と呼ぶ. 質点 a と質点 b の質量をそれぞれ m_a と m_b とし, 位置ベクトルを $r_a(t)$ と $r_b(t)$ とする (図 2.3). この時, 質点 b から質点 a に万有引力

$$F_{ab}(t) \overset{\mathrm{def}}{=} -G\frac{m_a m_b}{\|r_a(t) - r_b(t)\|^2}\frac{r_a(t) - r_b(t)}{\|r_a(t) - r_b(t)\|}$$

が働き, 質点 a から質点 b に万有引力

$$F_{ba}(t) \overset{\mathrm{def}}{=} -F_{ab}(t)$$

が働く. ここで, $\|\cdot\|$ はベクトルの大きさを表し, G は万有引力定数, つまり, $G \overset{\mathrm{def}}{=} 6.6726 \times 10^{-11}$ [N·m^2/kg^2] である. 上の定義式において

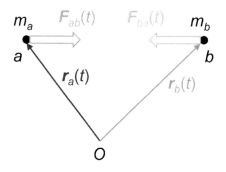

図 2.3　万有引力

$$\frac{\boldsymbol{r}_a(t) - \boldsymbol{r}_b(t)}{\|\boldsymbol{r}_a(t) - \boldsymbol{r}_b(t)\|}$$

は質点 b から質点 a に向かう単位ベクトルであることに注意せよ.

2.5　質点系の運動

　本副節では, 多くの質点の集まりの運動を扱う. ここで述べる重心の概念は, 大きさを持った物体を考える際に重要である.

　図 2.4 に示すように n 個の質点が有り, 第 i 番目の質点の位置ベクトルを $\boldsymbol{r}_i(t)$, 質量を m_i とする. この時, 重心 $\boldsymbol{R}(t)$ を

$$\boldsymbol{R}(t) \stackrel{\text{def}}{=} \frac{1}{M} \sum_{i=1}^{n} m_i \boldsymbol{r}_i(t)$$

で定義する. ただし, $M \stackrel{\text{def}}{=} \sum_{i=1}^{n} m_i$ であり, 全質点の質量を意味する.

　考察対象である n 個の質点間に働く力を内力といい, 外部からこれらの質点に働く力を外力という. 第 j 番目の質点から第 i 番目の質点に働く内力を $\boldsymbol{f}_{ij}(t)$ とし, 第 i 番目の質点に働く外力を $\boldsymbol{F}_i(t)$ とする. この時, 第 i 番目の質点に関する運動方程式は

$$m_i \frac{\mathrm{d}^2 \boldsymbol{r}_i}{\mathrm{d}t^2}(t) = \boldsymbol{F}_i(t) + \boldsymbol{f}_{i1}(t) + \boldsymbol{f}_{i2}(t) + \cdots + \boldsymbol{f}_{i,i-1}(t) + \boldsymbol{f}_{i,i+1}(t) + \cdots + \boldsymbol{f}_{in}(t) \quad (2.5)$$

$(i = 1, 2, \ldots, n)$ となる. 作用反作用の法則より

$$\boldsymbol{f}_{ij}(t) = -\boldsymbol{f}_{ji}(t) \tag{2.6}$$

を考慮に入れ, (2.5) をすべての i について足し合わせて整理すると, 全外力 $\boldsymbol{F}(t) \stackrel{\text{def}}{=} \sum_{i=1}^{n} \boldsymbol{F}_i(t)$ を用いて,

$$M \frac{\mathrm{d}^2 \boldsymbol{R}}{\mathrm{d}t^2}(t) = \boldsymbol{F}(t) \tag{2.7}$$

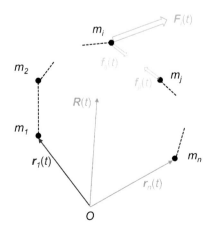

図 2.4　質点の集まり

を得る. これより, 全質点の質量を重心に集め, 全外力を重心に働かせた時の運動方程式によって, 重心の運動が支配されるとわかる.

運動量 $\boldsymbol{p}_i(t) \stackrel{\text{def}}{=} m_i \boldsymbol{v}_i(t)$ は, 第 i 番目の質点の「運動の勢い」を意味する. 全運動量 $\boldsymbol{P}(t) \stackrel{\text{def}}{=} \sum_{i=1}^n \boldsymbol{p}_i(t)$ を用いて, (2.7) は

$$\frac{\mathrm{d}\boldsymbol{P}}{\mathrm{d}t}(t) = \boldsymbol{F}(t) \tag{2.8}$$

と書ける.

次に, 原点周りの回転について考える. 回転では力そのものでなく, 回転軸から力の作用点までの距離と力の積を考える必要がある (例えば, シーソーや梃子の原理を用いて大きな石を動かすことを思い浮かべてみれば良い). その為, 第 i 番目の質点に対して, 外力による力のモーメントベクトル

$$\boldsymbol{N}_i(t) \stackrel{\text{def}}{=} \boldsymbol{r}_i(t) \times \boldsymbol{F}_i(t)$$

を導入する ($\times$ は外積である). このベクトルの大きさは「回転させる力の大きさ」を意味し, $\|\boldsymbol{r}_i(t)\|\|\boldsymbol{F}_i(t)\|\sin\theta$ (ただし, θ は $\boldsymbol{r}_i(t)$ と $\boldsymbol{F}_i(t)$ のなす角) によって与えられる (図 2.5). 向きは, 回転の向きに右ねじを回した時に右ねじが進む向きである. 同様に, 回転では運動量そのものでなく, 角運動量 $\boldsymbol{L}_i(t) \stackrel{\text{def}}{=} \boldsymbol{r}_i(t) \times \boldsymbol{p}_i(t)$ を考える必要がある. これは, 第 i 番目の質点の「回転の勢い」を意味する. これらを用いると, $\boldsymbol{r}_i(t)$ と (2.5) の外積の足し合わせは

$$\sum_{i=1}^n \frac{\mathrm{d}\boldsymbol{L}_i}{\mathrm{d}t}(t) = \sum_{i=1}^n \boldsymbol{N}_i(t)$$

と書ける. ただし, 左辺の計算において

$$\boldsymbol{r}_i(t) \times m_i \frac{\mathrm{d}^2\boldsymbol{r}_i}{\mathrm{d}t^2}(t) = \frac{\mathrm{d}\boldsymbol{r}_i}{\mathrm{d}t}(t) \times (m_i\boldsymbol{v}_i(t)) + \boldsymbol{r}_i(t) \times \frac{\mathrm{d}(m_i\boldsymbol{v}_i)}{\mathrm{d}t}(t) \ \left(\frac{\mathrm{d}\boldsymbol{r}_i}{\mathrm{d}t}(t) \times \boldsymbol{v}_i(t) = 0 \text{ に注意}\right)$$

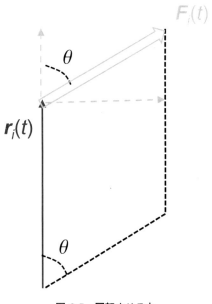

図 2.5 回転させる力

$$= \frac{\mathrm{d}(\boldsymbol{r}_i \times (m_i \boldsymbol{v}_i))}{\mathrm{d}t}(t) = \frac{\mathrm{d}\boldsymbol{L}_i}{\mathrm{d}t}(t)$$

を用いた. また, 右辺の計算において, (2.6) より

$$\boldsymbol{r}_i(t) \times \boldsymbol{f}_{ij}(t) + \boldsymbol{r}_j(t) \times \boldsymbol{f}_{ji}(t) = \Big(\boldsymbol{r}_i(t) - \boldsymbol{r}_j(t)\Big) \times \boldsymbol{f}_{ij}(t)$$
$$= \boldsymbol{0} \quad (\boldsymbol{r}_i(t) - \boldsymbol{r}_j(t) \text{ と } \boldsymbol{f}_{ij}(t) \text{ は平行であることに注意})$$

を用いた. したがって, 全質点の角運動量 $\boldsymbol{L}(t) \stackrel{\mathrm{def}}{=} \sum_{i=1}^{n} \boldsymbol{L}_i(t)$ と力のモーメント $\boldsymbol{N}(t) \stackrel{\mathrm{def}}{=} \sum_{i=1}^{n} \boldsymbol{N}_i(t)$ を用いると,

$$\frac{\mathrm{d}\boldsymbol{L}}{\mathrm{d}t}(t) = \boldsymbol{N}(t) \tag{2.9}$$

と書ける.

(2.8) と (2.9) を見比べ,

$$\text{全外力 } \boldsymbol{F}(t) \Longleftrightarrow \text{全質点の力のモーメント } \boldsymbol{N}(t),$$
$$\text{全運動量 } \boldsymbol{P}(t) \Longleftrightarrow \text{全角運動量 } \boldsymbol{L}(t)$$

の対応に注意せよ.

2.6 保存法則

図 2.6 に示すように点 P_a の位置ベクトルを $\boldsymbol{r}_a$, 点 P_b の位置ベクトルを $\boldsymbol{r}_b$ とし, 点 P_a から点 P_b に至る経路の線素ベクトル (接線方向のベクトル) を $\mathrm{d}\boldsymbol{r}(t)$ とする. この時, 外力 $F(t)$ で, 質点をこの経路に沿って点 P_a から点 P_b に移動するのになされる仕事 W は

$$W \stackrel{\mathrm{def}}{=} \int_{\boldsymbol{r}_a}^{\boldsymbol{r}_b} \boldsymbol{F}(t) \cdot \mathrm{d}\boldsymbol{r}(t)$$

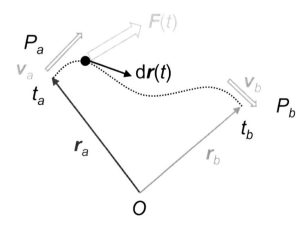

図 2.6 経路に沿った質点の移動

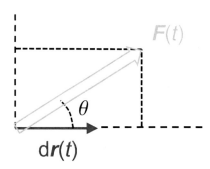

図 2.7 線素ベクトル方向への力の成分

によって与えられる. ここで, $\cdot$ は内積である (図 2.7). 質点の質量を m として運動方程式 $\boldsymbol{F}(t) = m(\mathrm{d}\boldsymbol{v}/\mathrm{d}t)(t)$ を代入すると

$$W = m \int_{\boldsymbol{r}_a}^{\boldsymbol{r}_b} \frac{\mathrm{d}\boldsymbol{v}}{\mathrm{d}t}(t) \cdot \mathrm{d}\boldsymbol{r}(t) = m \int_{t_a}^{t_b} \frac{\mathrm{d}\boldsymbol{v}}{\mathrm{d}t}(t) \cdot \boldsymbol{v}(t)\mathrm{d}t = \frac{m}{2} \int_{t_a}^{t_b} \frac{\mathrm{d}\|\boldsymbol{v}\|^2}{\mathrm{d}t}(t)\mathrm{d}t$$

を得る. ただし, t_a と t_b はそれぞれ質点が点 P_a と点 P_b に居た時刻である. 点 P_a と点 P_b における質点の速度を $\boldsymbol{v}_a$ と $\boldsymbol{v}_b$ として, 上の計算を更に進めると

$$W = \frac{m}{2} \int_{\|\boldsymbol{v}_a\|^2}^{\|\boldsymbol{v}_b\|^2} \mathrm{d}\|\boldsymbol{v}\|^2 = \frac{m\|\boldsymbol{v}_b\|^2}{2} - \frac{m\|\boldsymbol{v}_a\|^2}{2} \tag{2.10}$$

を得る. $m\|\boldsymbol{v}(t)\|^2/2$ を運動エネルギーと呼ぶ. よって, 質点になされた仕事 W は運動エネルギーの増加 $m\|\boldsymbol{v}_b\|^2/2 - m\|\boldsymbol{v}_a\|^2/2$ に一致する.

　他方, P_b に静止していた質点を外力 F に逆らって釣り合いを保ちながら点 P_a まで移動してそこで静止させる場合, 経路によらず

$$\int_{\boldsymbol{r}_b}^{\boldsymbol{r}_a} (-\boldsymbol{F}) \cdot \mathrm{d}\boldsymbol{r} = \text{一定}$$

が成立するなら F を保存力と呼ぶ. 外力に逆らって仕事を行ったのだから, 点 P_a にある質点は点 P_b にある質点より高いエネルギーを持つと考えられ, それは場所に依存する. このエネルギーを位置エネルギーと呼び, 位置ベクトル r に対して $U(\boldsymbol{r})$ で表す. この時, 上式の右辺は $U(\boldsymbol{r}_a) - U(\boldsymbol{r}_b)$ と書けるので

$$\int_{\boldsymbol{r}_a}^{\boldsymbol{r}_b} \boldsymbol{F} \cdot \mathrm{d}\boldsymbol{r} = U(\boldsymbol{r}_a) - U(\boldsymbol{r}_b) \tag{2.11}$$

を得る. この左辺は, 外力 F で質点を点 P_a から点 P_b まで移動するのになされる仕事なので, これと (2.10) より

$$\frac{m\|\boldsymbol{v}_a\|^2}{2} + U(\boldsymbol{r}_a) = \frac{m\|\boldsymbol{v}_b\|^2}{2} + U(\boldsymbol{r}_b)$$

を得る. したがって, 質点に働く外力が保存力の場合は, 運動エネルギーと位置エネルギーの和が保存される. これを力学的エネルギー保存則と呼ぶ.

　(2.11) の右辺は

$$U(\boldsymbol{r}_a) - U(\boldsymbol{r}_b) = -\int_{U(\boldsymbol{r}_a)}^{U(\boldsymbol{r}_b)} \mathrm{d}U = -\int_{\boldsymbol{r}_a}^{\boldsymbol{r}_b} \frac{\partial U}{\partial \boldsymbol{r}} \cdot \mathrm{d}\boldsymbol{r}$$

と書ける. ここで, もし r が 2 次元のデカルト座標で与えられているなら, (2.1) より

$$\mathrm{d}\boldsymbol{r} = \mathrm{d}r_x \boldsymbol{i} + \mathrm{d}r_y \boldsymbol{j}, \qquad \frac{\partial U}{\partial \boldsymbol{r}} = \frac{\partial U}{\partial r_x} \boldsymbol{i} + \frac{\partial U}{\partial r_y} \boldsymbol{j}$$

であり, もし極座標で与えられているなら, (2.3) より

$$\mathrm{d}\boldsymbol{r} = \mathrm{d}r \boldsymbol{e}_r + r\mathrm{d}\theta \boldsymbol{e}_\theta, \qquad \frac{\partial U}{\partial \boldsymbol{r}} = \frac{\partial U}{\partial r} \boldsymbol{e}_r + \frac{1}{r}\frac{\partial U}{\partial \theta} \boldsymbol{e}_\theta$$

である. よって, (2.11) において微小変化を考えれば

$$\boldsymbol{F} \cdot \mathrm{d}\boldsymbol{r} = -\frac{\partial U}{\partial \boldsymbol{r}} \cdot \mathrm{d}\boldsymbol{r}$$

を得る. これが任意の $\mathrm{d}\boldsymbol{r}$ に関して成立するから, 保存力は位置エネルギーを用いて

$$\boldsymbol{F} = -\frac{\partial U}{\partial \boldsymbol{r}}$$

と書ける (これはしばしば $\boldsymbol{F} = -\mathrm{grad}\,U$ と表現される).

　最後に, その他の保存則について簡単に触れる. 質点系の運動において外力の和が零の時, (2.8) より

$$\boldsymbol{P}(t) = 一定$$

となり, 全運動量が保存される. これを運動量保存則という. 同様に外力による力のモーメントの和が零の時, (2.9) より

$$\boldsymbol{L}(t) = 一定$$

となり, 全角運動量が保存される. これを角運動量保存則という.

2.7　剛体の運動

　大きさを持った変形しない物体を剛体と呼ぶ. 剛体の運動は, 微小部分に分けて考えることにより質点系の運動とみなせるので, 第 2.5 節の結果が使える. しかしながら, 剛体の特徴を用いればこれらをもっと限定した形で表現できる.

　剛体が軸の周りを角速度 $\omega(t)$ で回転している場合を考える (図 2.8). 剛体を n 個の微小部分に分けて質点の集まりとみなし, 第 i 番目の質点の質量を m_i, 回転の中心を原点に選んだ時の位置ベクトルを $\tilde{\boldsymbol{r}}_i(t)$ とする. また, 角速度ベクトル $\boldsymbol{\omega}(t)$ を導入する. このベクトルの大きさは $\omega(t)$ で, 向きは, 回転の向きに右ねじを回した時の右ねじが進む向きである. この時, 第 i 番目の質点の運動量は $\boldsymbol{p}_i(t) = m_i(\boldsymbol{\omega}(t) \times \tilde{\boldsymbol{r}}_i(t))$ と書けるので, 角運度量は

$$\boldsymbol{L}_i(t) = \tilde{\boldsymbol{r}}_i(t) \times \Big(m_i(\boldsymbol{\omega}(t) \times \tilde{\boldsymbol{r}}_i(t)) \Big) = m_i \|\tilde{\boldsymbol{r}}_i(t)\|^2 \boldsymbol{\omega}(t)$$

となる. これより, 剛体の角運動量 (全質点の角運動量) は

$$\boldsymbol{L}(t) = I\boldsymbol{\omega}(t)$$

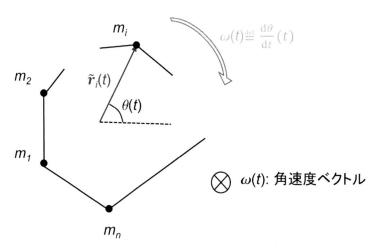

図 2.8　剛体の固定軸周りの回転運動

となる. ここで, $I \stackrel{\text{def}}{=} \sum_{i=1}^{n} m_i \|\tilde{\boldsymbol{r}}_i(t)\|^2$ であり, これを慣性モーメントと呼ぶ ($\|\tilde{\boldsymbol{r}}_i(t)\|$ が一定なので, I は t に依存しないことに注意する). 上式を (2.9) に代入すると,

$$I \frac{\mathrm{d}\boldsymbol{\omega}}{\mathrm{d}t}(t) = \boldsymbol{N}(t)$$

を得る. これが, 剛体が軸の周りを回転する場合の運動方程式である. 同様にして, 回転運動における剛体の運動エネルギー E は

$$E = \sum_{i=1}^{n} \frac{m_i \|\boldsymbol{\omega}(t) \times \tilde{\boldsymbol{r}}_i(t)\|^2}{2} = \sum_{i=1}^{n} \frac{m_i \Big(\omega(t) \|\tilde{\boldsymbol{r}}_i(t)\|\Big)^2}{2} = \frac{I\omega(t)^2}{2}$$

となる.

　次に, 剛体が重心の周りを角速度 $\omega(t)$ で回転しながら, 移動している場合を考える (図 2.9). 剛体の運動を観測している座標系を O 系, 重心を原点とする座標系を O' 系とする. この時, O'

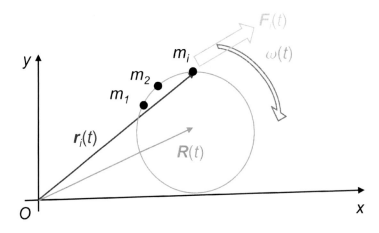

図 2.9　回転しながら移動する剛体

系の原点に対する O 系での位置ベクトルは $\boldsymbol{R}(t)$ である (第 2.5 節参照).

　重心を中心とする回転運動, つまり O' 系の回転運動について考える. 剛体を n 個の微小部分に分けて考え, 第 i 番目の質点に働く外力を $\boldsymbol{F}_i(t)$ とする. この時, 第 i 番目の質点の角運動量は

$$(\boldsymbol{r}_i(t) - \boldsymbol{R}(t)) \times \left(m_i\big(\boldsymbol{\omega}(t) \times (\boldsymbol{r}_i(t) - \boldsymbol{R}(t))\big) \right) = \tilde{\boldsymbol{r}}_i(t) \times \left(m_i(\boldsymbol{\omega}(t) \times \tilde{\boldsymbol{r}}_i(t)) \right) = m_i\|\tilde{\boldsymbol{r}}_i(t)\|^2 \boldsymbol{\omega}(t)$$

であるから, 剛体の角運動量は

$$\boldsymbol{L}(t) = I\boldsymbol{\omega}(t)$$

となる. 同様にして, 第 i 番目の質点の力のモーメントベクトル $\boldsymbol{N}_i(t)$ は, 慣性力を考慮に入れて

$$\begin{aligned}
\boldsymbol{N}_i(t) &= (\boldsymbol{r}_i(t) - \boldsymbol{R}(t)) \times \left(\boldsymbol{F}_i(t) - m_i \frac{\mathrm{d}^2 \boldsymbol{R}}{\mathrm{d}t^2}(t) \right) \\
&= \tilde{\boldsymbol{r}}_i(t) \times \boldsymbol{F}_i(t) - (\boldsymbol{r}_i(t) - \boldsymbol{R}(t)) \times \left(m_i \frac{\mathrm{d}^2 \boldsymbol{R}}{\mathrm{d}t^2}(t) \right) \\
&= \tilde{\boldsymbol{r}}_i(t) \times \boldsymbol{F}_i(t) - (m_i \boldsymbol{r}_i(t) - m_i \boldsymbol{R}(t)) \times \frac{\mathrm{d}^2 \boldsymbol{R}}{\mathrm{d}t^2}(t)
\end{aligned}$$

であるから, 剛体の力のモーメントベクトルは

$$\boldsymbol{N}(t) = \sum_{i=1}^{n} (\tilde{\boldsymbol{r}}_i(t) \times \boldsymbol{F}_i(t))$$

となる ($\boldsymbol{R}(t)$ の定義に注意せよ). したがって, 剛体が重心の周りを回転しながら移動している場合は, 角運動量も力のモーメントベクトルも剛体が軸の周りを回転している場合のそれらと一致する.

　結局, 回転しながら移動している剛体の運動は, O' 系の回転運動と O' 系の原点にある質点の運動, つまり, 重心の周りの回転運動と重心の並進運動 (回転することなく移動する運動) に分解して考えることができる.

　最後に, 慣性モーメントの例を挙げる. 質量 M, 半径 R の円盤が, その中心を軸に回転している場合を考える. まず, 極座標を使って円盤を微小部分に分ける. この時, 中心から距離 r 離れた微小部分の質量は次のようにして計算できる (図 2.10). 今, 面密度は $M/(\pi R^2)$ であり, 微小部分の面積は

$$\pi(r + \mathrm{d}r)^2 \frac{\mathrm{d}\theta}{2\pi} - \pi r^2 \frac{\mathrm{d}\theta}{2\pi} = r\mathrm{d}r\mathrm{d}\theta + \frac{(\mathrm{d}r)^2 \mathrm{d}\theta}{2} \approx r\mathrm{d}r\mathrm{d}\theta$$

$((\mathrm{d}r)^2$ の項は無視できる) であるから, 微小部分の質量は

$$\frac{Mr\mathrm{d}r\mathrm{d}\theta}{\pi R^2}$$

である. したがって, 慣性モーメント I は

$$I = \int_0^R \left\{ \int_0^{2\pi} \frac{Mr}{\pi R^2} \mathrm{d}\theta \right\} r^2 \mathrm{d}r = \int_0^R \frac{2Mr^3}{R^2} \mathrm{d}r = \frac{MR^2}{2}$$

である.

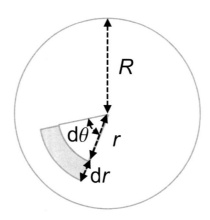

図 2.10　円盤の慣性モーメント

2.8　演習問題

[基本]

[1]　ばねの運動

長さ l [m] のばねの両端に質量 m_A [kg] の重り A と質量 m_B [kg] の重り B をつけ，摩擦のない水平な床に置く．床上に原点をとり，時刻 t [s] における原点から重り A とばねの接続部までの距離を $x_A(t)$ [m]，原点から重り B とばねの接続部までの距離を $x_B(t)$ [m] とする．ばね定数を k [N/m] とする．

(1)　重り A と重り B の運動方程式をたてなさい．

(2)　$m_A = m_B = 1.00$ [kg]，$l = 2.00$ [m]，$k = 1.00$ [N/m] とし，初期条件を

$$x_A(0) = 0.00 \text{ [m]}, \qquad x_B(0) = 2.00 \text{ [m]}, \qquad \frac{\mathrm{d}x_A}{\mathrm{d}t}(0) = \frac{\mathrm{d}x_B}{\mathrm{d}t}(0) = 0.00 \text{ [m/s]}$$

とする．この時，$0 \le t \le 20$ の範囲で運動方程式の数値解を求め，$x_A(t)$ と $x_B(t)$ を図示しなさい．

※デフォルトの描画範囲で表示が見にくければ

axis([0 20 -0.5 2.5]);

を実行して，描画範囲を変更すると良い (第 1 章の第 1.7.2 節も参照).

(3)　初期条件の一部を $x_A(0) = 5.00 \times 10^{-1}$ [m]，$x_B(0) = 1.50$ [m] と変更し，$x_A(t)$ と $x_B(t)$ を図示しなさい．

[2]　万有引力

地球の質量を M [kg]，地球の周りを回る人工衛星の質量を m [kg] とする．地球と人工衛星を質点とみなし，時刻 t [h] における地球と人工衛星の距離を $r(t)$ [km] とする．初期時刻 $t = 0$ [h] において地球と人工衛星を結ぶ線分と，時刻 $t(\ge 0)$ [h] において地球と人工衛星を結ぶ線分がなす角を $\theta(t)$ [rad] とする．

(1)　地球の位置を原点にとる時，地球と人工衛星間に働く万有引力を表す式を求めなさい．ただし，万有引力定数を G [km^3/(kg·h^2)]，動径方向の単位ベクトルを $e_r(t)$ としなさい．

(2) (1) の結果を用いて, 極座標で人工衛星の運動方程式を求めなさい.

[標準]

[1] ばねの運動 (続き)

(1) **[基本]** [1] (3) において, 有効数字 3 桁で $x_A(t)$ と $x_B(t)$ の振幅と周期を求めなさい. また, 重り A, B における振動の中心間の距離 (重り A の振動の中心と重り B の振動の中心との距離) を有効数字 3 桁で求めなさい.

※振幅や中心間の距離を求めるには, min 関数や max 関数や abs 関数が役立つ.

※周期を求めるには, islocalmax 関数や find 関数が役立つ.

※有効数字 3 桁で周期を求める為に, 微分方程式を解く時の時間の刻み幅 h は十分に小さくなければならない. 刻み幅を $h = 1/32, 1/64, \ldots$ と変えて, 結果を観察し, その上位 3 桁が変化しなくなるまで h を小さくする.

※振幅, 中心間の距離, 周期を求めるコマンドを MATLAB スクリプトファイル, または, 関数 M ファイルに残しておくと良い.

(2) **[基本]** [1] (3) の初期条件の一部を $x_B(0) = 1.00$ [m] と変更し, $x_A(t)$ と $x_B(t)$ を図示しなさい. また, 上の (1) と同じ作業も行いなさい.

(3) (2) の初期条件の一部を

$$\frac{\mathrm{d}x_A}{\mathrm{d}t}(0) = 5.00 \times 10^{-1} \text{ [m/s]}, \qquad \frac{\mathrm{d}x_B}{\mathrm{d}t}(0) = -5.00 \times 10^{-1} \text{ [m/s]}$$

と変更し, (2) と同じ作業を行いなさい.

(4) (1) ～ (3) の結果を見比べ,「どの初期条件の変更がどの結果に影響を及ぼすのか」を述べなさい.

(5) $m_A = 2.00$ [kg] に変更し, その他の設定は (1) と同じにして, (1) と同じ作業を行いなさい. 同様に m_A に色々な値を設定して作業を行い, それらの結果から読み取れることがらを述べなさい. また, (1) ～ (3) の結果と本結果から読み取れることがらを述べなさい.

[2] 万有引力 (続き)

(1) **[基本]** [2] において $G \times M = 5.05 \times 10^{12}$ [km³/h²] とし, 初期条件を

$$r(0) = 1.60 \times 10^4 \text{ [km]}, \quad \theta(0) = 0.00 \text{ [rad]}, \quad \frac{\mathrm{d}r}{\mathrm{d}t}(0) = 0.00 \text{ [km/h]},$$

$$\frac{\mathrm{d}\theta}{\mathrm{d}t}(0) = 9.00 \times 10^{-1} \text{ [rad/h]}$$

とする. この時, $0 \le t \le 4$ に対する $\theta(t)$ を図示しなさい.

(2) 人工衛星が初期の位置から 1 周して戻って来るまでの時間を有効数字 3 桁で求めなさい.

※有効数字 3 桁で周期を求める為に, 微分方程式を解く時の時間の刻み幅 h は十分に小さくなければならない. 刻み幅を $h = 1/32, 1/64, \ldots$ と変えて, 結果を観察し, その上位 3 桁が変化しなくなるまで h を小さくする.

(3) 人工衛星の軌道を 1 周期分図示しなさい.

[発展]

[1]　ばねの運動 (続き)

[基本] [1] において, $m_A = 2.00$ [kg], $m_B = 1.00$ [kg], $l = 2.00$ [m], $k = 1.00$ [N/m] とし, 初期条件を

$$x_A(0) = 5.00 \times 10^{-1} \text{ [m]}, \qquad x_B(0) = 1.50 \text{ [m]},$$

$$\frac{\mathrm{d}x_A}{\mathrm{d}t}(0) = 1.00 \text{ [m/s]}, \qquad \frac{\mathrm{d}x_B}{\mathrm{d}t}(0) = -1.00 \text{ [m/s]}$$

とする.

(1)　$0 \le t \le 20$ の範囲で運動方程式の数値解を求め, $x_A(t)$ と $x_B(t)$ を図示しなさい. また, 同じ時間の範囲で, 全運動量 (重り A, B の運動量の和) や全エネルギー (重り A, B とばねに関するエネルギーの和) の時間変化を図示しなさい.

※ばねの伸びが x の時, ばねによる保存力は $-kx$ であることに注意しなさい.

(2)　上の数値解を用いて, 重り A から見た時の重り B の位置の変化の様子を図示しなさい.

[2]　タイヤの運動

坂道を車で下っていてブレーキをかけた時の運動を考える. 取り扱う問題を単純化し, タイヤ部分だけを取り出して方程式を立てる. 半径 r [m], 質量 m [kg] のタイヤが傾斜角 α [rad] の斜面を時計回りに回転しながら転がっている時に, ブレーキによる力のモーメント N [N·m] がタイヤの回転を止める向きに働くとする. 時刻 0 [s] におけるタイヤの位置を原点とし, 斜面に平行に x 軸をとり, 時刻 t [s] までのタイヤの移動距離を $x(t)$ [m] とする. 重力加速度を g [m/s²] とする.

(1)　タイヤと斜面の間に働く摩擦力の大きさを F [N] として, x 方向のタイヤの運動方程式をたてなさい.

(2)　時計回りを正の向きにとった時の角速度を $\mathrm{d}\theta/\mathrm{d}t$ とし, 回転の運動方程式をたてなさい. ただし, タイヤの慣性モーメントが $I = mr^2/2$ [kg·m²] であることを用いなさい.

(3)　タイヤが滑らない時

$$\frac{\mathrm{d}x}{\mathrm{d}t}(t) = r\frac{\mathrm{d}\theta}{\mathrm{d}t}(t)$$

が成立する. これと上で求めた 2 つの方程式を用いて, 未知変数 F と $\theta(t)$ を消去し, $x(t)$ に関する方程式を導きなさい.

(4)　$\mu = 5.00 \times 10^{-1}$, $m = 1.00 \times 10$ [kg], $g = 9.81$ [m/s²], $r = 5.00 \times 10^{-1}$ [m], $\alpha = \pi/8$ [rad],

$$N = \frac{3}{2}mgr\left(\mu\cos(\alpha) - \frac{1}{3}\sin(\alpha)\right)(1 - \exp(-180/(110 - x)))$$

とし, 初期条件を

$$x(0) = 0.00 \text{ [m]}, \qquad \frac{\mathrm{d}x}{\mathrm{d}t}(0) = 1.00 \times 10 \text{ [m/s]}$$

とする. この時, 停止するまでの時間 t と距離 $x(t)$ を有効数字 3 桁で求めなさい.

※停止するまでの時間を求めるには, min 関数や abs 関数が役立つ.

※有効数字 3 桁で周期を求める為に,微分方程式を解く時の時間の刻み幅 h は十分に小さくなければならない.刻み幅を $h = 1/32, 1/64, \ldots$ と変えて,結果を観察し,その上位 3 桁が変化しなくなるまで h を小さくする.

第3章

偏微分方程式の数値解法 (差分法)

前章までは常微分方程式を取り扱った．これは，1 つの独立変数に依存する未知関数と，その導関数が含まれる方程式であった．それ故，常微分方程式では，考察対象の物理量が通例「時間のみ」に依存する物理現象を扱う．しかしながら，様々な物理現象を考察する時，必ずしも物理量が時間だけに依存するわけではない．例えば，次章で述べる電気磁気学では，時間だけなく空間にも依存する物理量を考える．その為，複数の独立変数に依存する未知関数と，独立変数に関する偏導関数が含まれる方程式，つまり，偏微分方程式が必要となる．

常微分方程式と比べて偏微分方程式では状況が更に厳しく，解が陽に求まるものは非常に限られる．それ故，偏微分方程式の近似解を与える数値解法が強く望まれる．偏微分方程式の主な数値解法は，差分法，有限要素法，境界要素法の 3 つである [10]．次章の準備の為，本章では差分法を取り扱う．差分法は差分近似を基にした解法である．ここでは，まず差分近似について述べた後，1次元の偏微分方程式の例を紹介し，最後に演習問題を与える．

3.1　差分近似

区間 $[a, b]$ で定義されている関数 f を考える. 十分大きな自然数 N に対して

$$h \stackrel{\text{def}}{=} (b - a)/N, \qquad x_i \stackrel{\text{def}}{=} a + hi \quad (i \geq 0)$$

と書くことにすると, $j = 0, 1, \ldots, N$ に対して x_j は区間 $[a, b]$ 上に刻み幅 h の離散点を与える. これら離散点における関数 f の微分係数

$$f'(x_j) \stackrel{\text{def}}{=} \lim_{\delta \to 0} \frac{f(x_j + \delta) - f(x_j)}{\delta}$$

を

$$\frac{f(x_{j+1}) - f(x_j)}{h} \quad (j = 0, 1, \ldots, N - 1)$$

で近似する時, これを前進差分近似と呼ぶ. ここで, x_j より前方にある点 $x_{j+1} \, (> x_j)$ における関数値を用いることに注意せよ. 関数 f が十分滑らかな時, テイラーの定理により

$$
\begin{aligned}
f(x_{j+1}) &= f(x_j + h) \\
&= f(x_j) + f'(x_j)h + \frac{1}{2}f''(x_j)h^2 + \frac{1}{6}f'''(x_j)h^3 + \frac{1}{24}f''''(x_j)h^4 + O(h^5) \quad (3.1)
\end{aligned}
$$

なので,

$$\frac{f(x_{j+1}) - f(x_j)}{h} - f'(x_j) = \frac{1}{2}f''(x_j)h + O(h^2)$$

を得る. よって, 前進差分近似の誤差は, h に関して 1 次の主要項を持つ. 一方, x_j より後方にある点 $x_{j-1} \, (< x_j)$ における関数値を用い, $f'(x_j)$ を

$$\frac{f(x_j) - f(x_{j-1})}{h} \quad (j = 1, 2, \ldots, N)$$

で近似する時, これを後退差分近似と呼ぶ. 関数 f が十分滑らかな時, テイラーの定理により

$$
\begin{aligned}
f(x_{j-1}) &= f(x_j - h) \\
&= f(x_j) - f'(x_j)h + \frac{1}{2}f''(x_j)h^2 - \frac{1}{6}f'''(x_j)h^3 + \frac{1}{24}f''''(x_j)h^4 + O(h^5) \quad (3.2)
\end{aligned}
$$

なので,

$$\frac{f(x_j) - f(x_{j-1})}{h} - f'(x_j) = -\frac{1}{2}f''(x_j)h + O(h^2)$$

を得る. よって, 後退差分近似の誤差も h に関して 1 次の主要項を持つ. 中心差分は, x_j が中心にくるように端点をとり, それらにおける関数値を用いる差分である. つまり, $f'(x_j)$ を

$$\frac{f(x_{j+1/2}) - f(x_{j-1/2})}{h} \quad (j = 1, 2, \ldots, N - 1) \tag{3.3}$$

あるいは

$$\frac{f(x_{j+1}) - f(x_{j-1})}{2h} \quad (j = 1, 2, \ldots, N - 1) \tag{3.4}$$

で近似する時, これらを中心差分近似と呼ぶ. (3.1) と (3.2) より

$$\frac{f(x_{j+1}) - f(x_{j-1})}{2h} - f'(x_j) = \frac{1}{6}f'''(x_j)h^2 + O(h^3)$$

を得る. よって, 中心差分近似の誤差は h に関して 2 次の主要項を持つ. ところで, (3.3) は x_j $(j = 0, 1, \ldots, N)$ 以外の点における関数値を必要とするが, この中心差分の考え方は 2 次微分係数 $f''(x_j)$ を近似するのに利用できる. つまり, まず $f''(x_j)$ を

$$\frac{f'(x_{j+1/2}) - f'(x_{j-1/2})}{h} \quad (j = 1, 2, \ldots, N-1)$$

で近似し, 更に $f'(x_{j+1/2})$ と $f'(x_{j-1/2})$ を

$$\frac{f(x_{j+1}) - f(x_j)}{h} \quad \text{と} \quad \frac{f(x_j) - f(x_{j-1})}{h}$$

で近似すれば, 最終的に $f''(x_j)$ に対する近似

$$\frac{f(x_{j+1}) - 2f(x_j) + f(x_{j-1})}{h^2} \quad (j = 1, 2, \ldots, N-1) \tag{3.5}$$

を得る. (3.1) と (3.2) より

$$\frac{f(x_{j+1}) - 2f(x_j) + f(x_{j-1})}{h^2} - f''(x_j) = \frac{1}{12}f''''(x_j)h^2 + O(h^3)$$

であるから, $f''(x_j)$ に対する誤差は, h に関して 2 次の主要項を持つ. ここで, x_j $(j = 1, 2, \ldots, N-1)$ における関数値だけで $f''(x_j)$ の近似値が与えられることに注意せよ.

3.2　1 次元の偏微分方程式

1 次元の偏微分方程式の例として, 熱伝導方程式 [1, 10, 11] と移流拡散方程式 [1, 7, 12] を紹介する.

3.2.1　1 次元熱伝導方程式

断面積 S の細い棒の温度変化について考える. 図 3.1 に示すように棒に沿って座標軸をとり, 時刻 t における位置 x での棒の温度を $u(x, t)$ と表す. 時刻 t から時刻 $t + \Delta t$ の間に位置 x の棒の断面に流入する熱量を $q(x, t)$ とすると, これはフーリエの法則により

$$q(x, t) = -kS\frac{\partial u}{\partial x}(x, t)\Delta t$$

によって与えられる. ただし, k は熱伝導率である. 同様にして, 位置 $x + \Delta x$ の棒の断面から流出する熱量 $q(x + \Delta x, t)$ は

図 3.1　熱量の流入および流出

$$q(x + \Delta x, t) = -kS\frac{\partial u}{\partial x}(x + \Delta x, t)\Delta t$$

と書ける. よって, 位置 x から位置 $x + \Delta x$ の部分が得る熱量 Δq は, Δx が十分に小さい時

$$\begin{aligned}
\Delta q &= q(x, t) - q(x + \Delta x, t) \\
&= kS\frac{\partial u}{\partial x}(x + \Delta x, t)\Delta t - kS\frac{\partial u}{\partial x}(x, t)\Delta t \\
&\approx kS\frac{\partial^2 u}{\partial x^2}(x, t)\Delta x\Delta t
\end{aligned}$$

(Δx の高次項は無視できる) である. 一方, この熱量 Δq 全てが棒の微小部分 (位置 x から位置 $x + \Delta x$ まで) の温度上昇に使われたとすると

$$\Delta q = c\rho S\Delta x\frac{\partial u}{\partial t}(x, t)\Delta t$$

が成り立つ. ただし, 比熱を c, 密度を ρ とし, 棒の微小部分の温度上昇率を $(\partial u/\partial t)(x, t)$ とした. よって, 両式より

$$\frac{\partial u}{\partial t}(x, t) = \sigma\frac{\partial^2 u}{\partial x^2}(x, t) \tag{3.6}$$

を得る. ここで, $\sigma \overset{\text{def}}{=} k/(c\rho)$ とおいた. これを熱伝導方程式と呼び, σ を熱拡散係数と呼ぶ. この方程式の解を求めるには, 初期時刻における棒の温度分布と棒の両端における条件が必要である. 前者を初期条件と呼び, 後者を境界条件と呼ぶ.

3.2.2　1 次元移流拡散方程式

　風のない日の汚染物質の拡散問題なども (3.6) と同じ形の偏微分方程式に帰着できる [10, p. 7]. 本節では, これに流速 v の流れによる項が加わった

$$\frac{\partial u}{\partial t}(x, t) = \sigma\frac{\partial^2 u}{\partial x^2}(x, t) - v\frac{\partial u}{\partial x}(x, t) \tag{3.7}$$

を考える. 右辺第一項を拡散項, 第二項を移流項と呼ぶ. この方程式は, 風のある日や河川における汚染物質の拡散を表現した数理モデルであり, u は汚染物質の濃度を表す [12, p. 134].

　この方程式の移流項の意味を理解する為に $\sigma = 0$ とおくと

$$\frac{\partial u}{\partial t}(x, t) = -v\frac{\partial u}{\partial x}(x, t) \tag{3.8}$$

を得る. 微分可能な任意の関数 f を用いて

$$u(x, t) = f(x - vt)$$

とおくとこれは上の方程式の解であり, $v > 0$ ならば x 軸の正の向きに速さ v で進む波を表す. また, $v < 0$ ならば逆向きになる. このことは (3.8) からも次のようにして読み取れる. 時刻 t における位置 x での u の勾配 $\partial u/\partial x$ が正ならば $v > 0$ に対して (3.8) の右辺は負になるので, この位置における u は時間の経過とともに減少する. もし $\partial u/\partial x$ が負ならば, u は時間の経過とともに増加する. その結果, u の全体として見れば図 3.2 に示すように u が x 軸の正の向きに移動することがわかる.

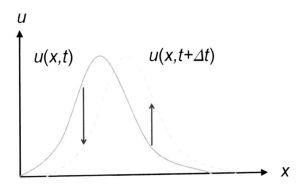

図 3.2 $\sigma = 0$, $v > 0$ の時の u 全体の時間変化

一方, (3.7) の拡散項の意味を理解する為に $v = 0$ とおくと (3.6) と同形の方程式を得る. (3.6) では温度勾配 $\partial u / \partial x$ によって熱量が流入出し, その結果, 温度が変化したことに注意すれば, $v = 0$ の時の (3.7) では濃度勾配 $\partial u / \partial x$ によって汚染物質が移動し濃度が変化するのだと読み取れる. したがって, (3.7) では, u の時間変化が流れと拡散の 2 つの効果によって起こる.

3.2.3 差分法

差分近似の適用例として, (3.6) に $\sigma = 1$ を代入し

$$\frac{\partial u}{\partial t}(x,t) = \frac{\partial^2 u}{\partial x^2}(x,t) \quad (0 \leq x \leq 1,\ t \geq 0) \tag{3.9}$$

を考える. 境界条件と初期条件はそれぞれ

$$u(0,t) = u(1,t) = 0 \quad (t \geq 0), \qquad u(x,0) = \sin(\pi x) \quad (0 \leq x \leq 1)$$

とする. この問題に対する真の解は

$$u(x,t) = \exp(-\pi^2 t)\sin(\pi x)$$

である [10, p. 60]. 今, 区間は $[0,1]$ であるから

$$h = 1/N, \qquad x_i = hi$$

である. 上の熱伝導方程式に $x = x_i$ を代入し, 右辺の 2 次偏微分係数に差分近似 (3.5) を適用し, $y_i(t) \stackrel{\text{def}}{=} u(x_i, t)$ とおくと

$$\frac{dy_i}{dt}(t) = \frac{1}{h^2}\{y_{i+1}(t) - 2y_i(t) + y_{i-1}(t)\} \quad (t \geq 0,\ i = 1, 2, \ldots, N-1)$$
$$y_0(t) = y_N(t) = 0 \quad (t \geq 0), \qquad y_i(0) = \sin(\pi x_i) \quad (i = 0, 1, \ldots, N) \tag{3.10}$$

を得, $y_0(t)$ と $y_N(t)$ を除いてこれをベクトル形式で書くと

$$\frac{d\boldsymbol{y}}{dt}(t) = A\boldsymbol{y}(t), \qquad \boldsymbol{y}(0) = \boldsymbol{y}_0 \tag{3.11}$$

となる. ただし,

$$\boldsymbol{y}(t) \stackrel{\text{def}}{=} \begin{bmatrix} y_1(t) \\ y_2(t) \\ \vdots \\ y_{N-1}(t) \end{bmatrix}, \quad \boldsymbol{y}_0 \stackrel{\text{def}}{=} \begin{bmatrix} \sin(\pi x_1) \\ \sin(\pi x_2) \\ \vdots \\ \sin(\pi x_{N-1}) \end{bmatrix}, \quad A \stackrel{\text{def}}{=} \frac{1}{h^2} \begin{bmatrix} -2 & 1 & & & \text{\Large 0} \\ 1 & -2 & 1 & & \\ & \ddots & \ddots & \ddots & \\ & & 1 & -2 & 1 \\ \text{\Large 0} & & & 1 & -2 \end{bmatrix}$$

である. 今, 問題が常微分方程式の初期値問題に還元された (第 1.6.2 節). これより, (3.10) または (3.11) は常微分方程式 (1.2) の解法 (ルンゲ・クッタ法など) で解けるとわかる. このように「空間差分近似により偏微分方程式を常微分方程式に置き換え, それを常微分方程式の数値解法で解く」ことを線の方法と呼ぶ.

　一方, 時間微分に差分近似を施しても近似解法が得られる. これを差分法と呼ぶ. 例えば, (3.10) の時間微分を前進差分で近似してみる. 時間の刻み幅を Δt とし, 時刻 $t_n \stackrel{\text{def}}{=} n\Delta t$ ($n = 0, 1, \ldots$) における $y_i(t_n)$ の近似を $y_{i,n}$ で表すと, $t = t_n$ の時 (3.10) の左辺は

$$\frac{y_{i,n+1} - y_{i,n}}{\Delta t} \qquad (i = 1, 2, \ldots, N-1)$$

によって近似できる. これを (3.10) に代入し整理すると

$$y_{i,n+1} = y_{i,n} + \frac{\Delta t}{h^2}(y_{i+1,n} - 2y_{i,n} + y_{i-1,n}) \qquad (i = 1, 2, \ldots, N-1) \tag{3.12}$$

を得る. ただし,

$$y_{0,n} = y_{N,n} = 0 \quad (n = 1, 2, \ldots), \qquad y_{i,0} = \sin(\pi x_i) \quad (i = 0, 1, \ldots, N)$$

である. このようにして (3.9) に対する差分法が得られる.

※微分を近似する際に上のとは別の差分近似を用いれば, 異なる差分法が得られることに注意せよ.

※差分法は手順が簡便で, 理解しやすいという利点がある. その一方で, 形状が複雑な境界を持つ問題を取り扱いにくいという欠点がある [10, p. 33].

3.3　演習問題

[基本]

- 1 次元熱伝導方程式

(1)　前節では 1 次元熱伝導方程式に対して空間の差分近似を適用し, 常微分方程式 (3.10) と (3.11) を得た. MATLAB の関数 ode45 で $N = 32$ の時の数値解を求め, $0 \le x \le 1$, $t = 1$ における熱伝導方程式の真の解と数値解を図示して比較しなさい. その際, (3.10) と (3.11) の内, 使い易い方を選んで良い.

(2)　時間の刻み幅を $\Delta t = rh^2$ (r はある定数) に設定する時, 時間の前進差分近似を常微分方程式 (3.10) に適用して得られる漸化式 (差分法) を示しなさい.

[標準]

[1]　1 次元熱伝導方程式 (続き)

(1)　**[基本]** (2) の差分法で得られる数値解が発散しない為には $(0 <)\, r \leq 1/2$ でなければならない [10, p. 64]. そこで, 今度は解法を $r = 1/2$ の時の差分法に変更して, **[基本]** (1) と同様に真の解と数値解を比較しなさい. ここで, MATLAB において $y_{i,n+1}\ (i = 1, 2, \ldots, N-1)$ を yNewVec(i) で表し, $y_{i,n}$ を yVec(i) で表す時, 差分法のプログラムの一部は

```
for n= ···
    yNewVec(1)=yVec(1)+ ··· ;
    for i=2:N-2
        yNewVec(i)=yVec(i)+ ··· ;
    end
    yNewVec(N-1)=yVec(N-1)+ ··· ;
    yVec=yNewVec;
end
```

というふうに書けることに注意せよ.

(2)　**[基本]** (2) の差分法は $r = 1/6$ の時に性能が良い [10, p. 65]). そこで, 今度は $r = 1/6$ に変更し, (1) と同じ作業をしなさい.

[2]　1 次元移流拡散方程式

偏微分方程式 (3.7) に $\sigma = 1$ を代入し

$$\frac{\partial u}{\partial t}(x,t) = \frac{\partial^2 u}{\partial x^2}(x,t) - v\frac{\partial u}{\partial x}(x,t) \quad (0 \leq x \leq 1,\ t \geq 0) \tag{3.13}$$

を考える. 境界条件と初期条件はそれぞれ

$$u(0,t) = u(1,t) = 0 \quad (t \geq 0), \qquad u(x,0) = \exp\left(\frac{vx}{2}\right)\sin(\pi x) \quad (0 \leq x \leq 1)$$

とする. この問題に対する真の解は

$$u(x,t) = \exp\left\{\frac{vx}{2} - \left(\frac{v^2}{4} + \pi^2\right)t\right\}\sin(\pi x)$$

である [1, p. 61].

(1)　**[基本]** (2) と同様にして, 上の偏微分方程式 (3.13) に対する差分法を示しなさい. ただし, 右辺第 2 項には差分近似 (3.4) を用いなさい.

(2)　**[基本]** (1) と同様にして, (3.13) の真の解と数値解を比較しなさい. その際, v については, 例えば $v = 5$ としなさい (他の値も試して変化の様子を観察すると良い).

(3)　今度は $r = 1/6$ に変更し, 上の (2) と同じ作業をしなさい.

[発展]

- 1 次元熱伝導方程式 (続き)

(1)　ベクトル表記

$$\bar{\boldsymbol{y}}_n^{(i,j)} \overset{\text{def}}{=} \begin{bmatrix} y_{i,n} \\ y_{i+1,n} \\ \vdots \\ y_{j,n} \end{bmatrix} \quad (0 \le i < j \le N)$$

を用いて, **[基本]** (2) の差分法を

$$\bar{\boldsymbol{y}}_{n+1}^{(1,N-1)} = \bar{\boldsymbol{y}}_n^{(1,N-1)} + \boxed{\quad \cdots \quad}$$

というふうに表しなさい.

(2)　(1) の結果を利用して, **[標準]** [1] (1) のプログラムを書き換え, 要素毎の計算を行う for ループ (for i=2:N-2) を用いずに要素を並べたベクトルを使って計算するようにしなさい.

第**4**章

電磁界数値シミュレーション

これまでに電気磁気学について勉強したが, 難しいと感じている人達が少なくないだろうと思われる. その一方で, 我々の社会は携帯電話や電子レンジなど電気磁気学に基づく科学技術の恩恵を受けており, その重要さは疑いようもない. 本章では電気磁気学の総合的な復習を行うとともに, 電磁界数値シミュレーションを通してその理解を深める.

4.1 電気磁気学の基本方程式 (積分形)

　力学 (第 2 章) では, 物体の運動を記述するのにニュートンの運動方程式を用いた. これに対して, 電気磁気学では, 電磁界を記述するのにマクスウェルの方程式を用いる. マクスウェルの方程式は 4 つの方程式から成る. これら 4 つの方程式の意味を再確認する.

4.1.1 ガウスの法則

　マクスウェルの方程式の第 1 式はガウスの法則を表す. この式の意味を理解する為に, クーロンの法則から話を始める. 大きさを持たない理想的な電荷を点電荷と呼ぶ. 点電荷 a と点電荷 b の電気量をそれぞれ q_a と q_b とし, 位置ベクトルを $\boldsymbol{r}_a$ と $\boldsymbol{r}_b$ とする. この時, 点電荷 b から点電荷 a にクーロン力

$$\boldsymbol{F}_{ab} \overset{\text{def}}{=} \frac{1}{4\pi\varepsilon_0} \frac{q_a q_b}{\|\boldsymbol{r}_a - \boldsymbol{r}_b\|^2} \frac{\boldsymbol{r}_a - \boldsymbol{r}_b}{\|\boldsymbol{r}_a - \boldsymbol{r}_b\|} \tag{4.1}$$

が働き, 点電荷 a から点電荷 b にクーロン力

$$\boldsymbol{F}_{ba} \overset{\text{def}}{=} -\boldsymbol{F}_{ab}$$

が働く. ここで, $\|\cdot\|$ はベクトルの大きさを表し, ε_0 は真空の誘電率, つまり, $\varepsilon_0 \overset{\text{def}}{=} 8.854 \times 10^{-12}$ $[\text{C}^2/(\text{N} \cdot \text{m}^2)]$ である. もし $q_a q_b < 0$ ならクーロン力は引力となり (上の式と万有引力の式との類似性に注意し, 図 4.1 も見よ), 逆に $q_a q_b > 0$ なら斥力となる.

　点電荷 b を原点に置き, 位置ベクトル $\boldsymbol{r}$ の位置に点電荷 a を置くと, (4.1) より点電荷 a には

$$\boldsymbol{F} = \frac{1}{4\pi\varepsilon_0} \frac{q_a q_b}{\|\boldsymbol{r}\|^2} \frac{\boldsymbol{r}}{\|\boldsymbol{r}\|} \tag{4.2}$$

なる力が働く (図 4.2). このことは「点電荷 b によって電気的な力が及ぶ場所が作られ, そこに点電荷 a が置かれた為に上式で表される力を受ける」と解釈しても良い. この電気的な力が及ぶ場所を電界 (あるいは電場) と呼ぶ (図 4.3). 一般に電気量 q の電荷が電界から力 $\boldsymbol{F}$ を受ける時, その電荷の位置における電界の強さ $\boldsymbol{E}$ [N/C] は

$$\boldsymbol{E} \overset{\text{def}}{=} \frac{\boldsymbol{F}}{q} \tag{4.3}$$

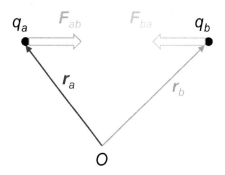

図 4.1　点電荷 a, b 間 のクーロン力 ($q_a q_b < 0$ の場合)

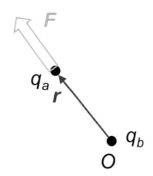

図 4.2　点電荷 a に働くクーロン力 ($q_a q_b > 0$ の場合)

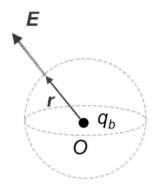

図 4.3　点電荷による電界

によって定義される. 電界の強さを単に電界と呼ぶこともある.

　点電荷 b を原点に置き, それによる電界を $\boldsymbol{E}$ とすると, (4.2) と (4.3) から

$$\boldsymbol{E} = \frac{1}{4\pi\varepsilon_0} \frac{q_b}{\|\boldsymbol{r}\|^2} \frac{\boldsymbol{r}}{\|\boldsymbol{r}\|}$$

を得る. これより, 任意の位置 $\boldsymbol{r}$ において $\boldsymbol{E}$ は半径 $\|\boldsymbol{r}\|$ の球面と直交する. よって, 図 4.3 に示すように任意の位置 $\boldsymbol{r}$ において球面と接する平面を考え, その単位法線ベクトル $(1/\|\boldsymbol{r}\|)\boldsymbol{r}$ (電荷のある方から電荷がない方へ向かうことに注意) と両辺の内積をとると,

$$E = \frac{1}{4\pi\varepsilon_0} \frac{q_b}{\|\boldsymbol{r}\|^2}$$

となる. ここで, 電界の大きさ, つまり $\|\boldsymbol{E}\|$ を E で表していることに注意せよ. 次に, 両辺に半径 $\|\boldsymbol{r}\|$ の球面の面積を掛けて整理すると

$$4\pi\|\boldsymbol{r}\|^2 E = \frac{q_b}{\varepsilon_0} \tag{4.4}$$

を得る. つまり, 点電荷を原点に置いた時, その周りを囲む球の表面上での電界 (の外向き法線成分) と表面積の積は q_b/ε_0 に等しくなる. この関係を一般化したのがガウスの法則である.

　電荷を取り囲む任意の閉曲面を S とし, S によって囲まれる領域を V とする. 閉曲面 S を互

いに重ならない微小な接平面 $\Delta S_i\ (i=1,2,\ldots,n)$ で覆い，接平面の外向き法線ベクトルでその長さが接平面の面積に等しいベクトルを $\Delta \boldsymbol{S}_i$ と書く．更に，ΔS_i における電界を $\boldsymbol{E}_i$ とすると，(4.4) の左辺に対応する量は

$$\sum_{i=1}^{n} \boldsymbol{E}_i \cdot \Delta \boldsymbol{S}_i \tag{4.5}$$

である．実際，(4.4) の場合は $\boldsymbol{E}_i$ の大きさは E であり，$\boldsymbol{E}_i$ と $\Delta \boldsymbol{S}_i$ は同じ向きだから

$$\sum_{i=1}^{n} \boldsymbol{E}_i \cdot \Delta \boldsymbol{S}_i = \sum_{i=1}^{n} E\|\Delta \boldsymbol{S}_i\| \to 4\pi\|\boldsymbol{r}\|^2 E \quad (n \to \infty)$$

である．

　一方，領域 V を互いに重ならない微小領域 $\Delta v_j\ (j=1,2,\ldots,m)$ に分割し，Δv_j における電荷密度を ρ_j と書く．この時，(4.4) の右辺に対応する量は

$$\frac{1}{\varepsilon_0} \sum_{j=1}^{m} \rho_j \Delta v_j \tag{4.6}$$

である．ここで，表記を簡単にする為，微小領域 Δv_j の体積も Δv_j で表していることに注意せよ．(4.4), (4.5), (4.6) より $n, m \to \infty$ の時，ガウスの法則

$$\int_S \boldsymbol{E} \cdot \mathrm{d}\boldsymbol{S} = \frac{1}{\varepsilon_0} \int_V \rho \mathrm{d}v$$

を得る．ただし，ρ は V 上の関数であり，V の電荷密度を与える．ここまでで述べたのは，真空の場合のガウスの法則である．

　図 4.4 に示すように，絶縁体に電流は流れないが電圧をかけるとその表面に正負の電荷が現れる．この性質に注目する時，絶縁体を誘電体と呼ぶ．導体に与えられた電荷は自由に取り出せるが，誘電体に現れる電荷はそうではない．前者の電荷を真電荷と呼び，後者のを分極電荷と呼ぶ．真電荷による電界を $\boldsymbol{E}_0$ とすると，電束密度 $\boldsymbol{D}\ [\mathrm{C/m^2}]$ は

$$\boldsymbol{D} \stackrel{\mathrm{def}}{=} \varepsilon_0 \boldsymbol{E}_0$$

によって定義される（図 4.4 において $\boldsymbol{E}_0$ は右向きの 5 本の矢印で表されている）．ここで，ε_0 は真空の誘電率であるが，誘電体の誘電率 ε と全電荷（真電荷と分極電荷）による電界 $\boldsymbol{E}$ に対し

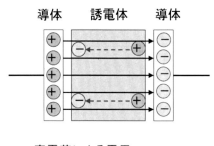

図 4.4　誘電体

て,

$$\boldsymbol{D} = \varepsilon \boldsymbol{E} \tag{4.7}$$

が成り立つ (図 4.4 において $\boldsymbol{E}$ は右向きの 5 本の矢印と左向きの 2 本の矢印で表されている). したがって, $\boldsymbol{D}$ を考えることにすれば, 真空の場合と誘電体の場合を統一して取り扱える. よって, 電束密度 $\boldsymbol{D}$ と真電荷密度 ρ を用いてガウスの法則を表現する. この時, ガウスの法則は

$$\int_S \boldsymbol{D} \cdot \mathrm{d}\boldsymbol{S} = \int_V \rho \mathrm{d}v \tag{4.8}$$

となる.

4.1.2 電磁誘導の法則

マクスウェルの方程式の第 2 式はファラデーの電磁誘導の法則を表す. 磁石の S 極に方位磁石を近づけると, 方位磁石の N 極が磁石の S 極の方を向く. このように磁気的な力が及ぶ場所を磁界と呼び, 方位磁石の N 極が指す向きを磁界の向きと呼ぶ. 図 4.5 のように平らな棒磁石を 2 本並べて S 極と N 極が向き合うようにする. 棒磁石間に電線を置いて, 磁界の向きと直交する向きに電流を流す. この時, 電線に力が働き, その向きは, 電流の向きから磁界の向きに右ねじを回転させた時に右ねじが進む向きである (フレミングの左手の法則). もし 1 A の電流を流した時に電線 1 m 長あたり 1 N の力が働くならば, 「磁束密度が 1 T (テスラ) である」といい [13, p. 165], これが磁力の強さを表す. 磁束密度はベクトル量であり, 向きは磁界の向きと同じである.

平らな棒磁石を 2 本並べて S 極と N 極が向き合うようにする. 棒磁石間の磁束密度を $\boldsymbol{B}$ とし, 図 4.6 に示すように棒磁石間に四角のコイル $PSRQ$ を置く. ただし, 図 4.6 では, 棒磁石は描かずに $\boldsymbol{B}$ だけを図示している. 辺 PQ の部分は可動であり, それを 辺 SR に向かって速度 v で動かす. この時, 辺 PQ 内の自由電荷 q にはローレンツ力

$$\boldsymbol{F} = q\boldsymbol{v} \times \boldsymbol{B} \tag{4.9}$$

が働く. この結果 $P \to S \to R \to Q \to P$ の向きでコイルに電流 (誘導電流) が流れる. このような現象を電磁誘導という.

辺 PQ では電荷が力を受けるので, あたかも Q から P に向かって電界があるかのようである. これを $\boldsymbol{E}$ と書くと (4.9) より

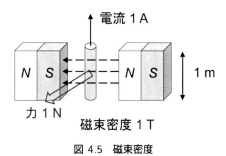

図 4.5 磁束密度

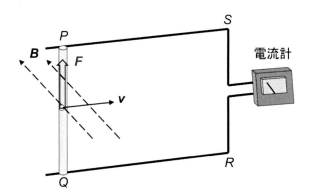

図 4.6　ローレンツ力と電磁誘導

$$E = \frac{F}{q} = v \times B \tag{4.10}$$

となる. この E は, 電池の電気化学的な電気力 (印加電気力) に対応する [13, p. 288]. 今, v と B は直交するので $E = vB$ であるから, 辺 PQ の長さを l, PQ 間の電位差を V と書くと

$$V = El = vBl$$

となる. ここで, 速度 v の大きさ, つまり $\|v\|$ を v で表していることに注意せよ. また, B も同様である. 時刻 t におけるコイルの $PSRQ$ の面積を $S(t)$ と書くと, 時刻 $t + \Delta t$ における面積は

$$S(t + \Delta t) = S(t) - lv\Delta t$$

だから,

$$lv = -\frac{S(t + \Delta t) - S(t)}{\Delta t} \to -\frac{\mathrm{d}S}{\mathrm{d}t} \quad (\Delta t \to 0).$$

以上のことがらより, ファラデーの電磁誘導の法則

$$V = -B\frac{\mathrm{d}S}{\mathrm{d}t} = -\frac{\mathrm{d}(BS)}{\mathrm{d}t} = -\frac{\mathrm{d}\Phi}{\mathrm{d}t} \tag{4.11}$$

を得る. ただし, Φ は BS を表す. これを磁束と呼び, 単位は Wb (ウェーバ) である. この関係式を一般化したものが, マクスウェルの方程式の第 2 式である. なお, 上の例ではローレンツ力が働く場合で説明したが, そうでない場合 (コイルの内側の面積が変化せずに磁束が変化する場合) でも (4.11) は成り立つ. 次に, これについて考える [13, p. 300].

コイルによる閉曲線 C を縁とする任意の曲面を S とする. 閉曲線 C と接する微小線分 Δs_j $(j = 1, 2, \ldots, m)$ を C に沿って取り, 各接点における ((4.10) の右辺のような) 電磁誘導による電界を E_j と書く. この時, コイル全体の電位差は

$$\sum_{j=1}^{m} E_j \cdot \Delta s_j$$

となる. よって, $m \to \infty$ の時, 電磁誘導による電位差 V を一般化した式は

$$V = \oint_C E \cdot \mathrm{d}s \tag{4.12}$$

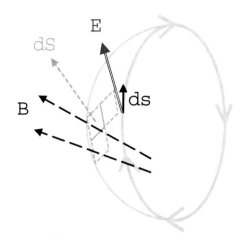

図 4.7　磁束密度の変化による電磁誘導

となる. ただし, 右辺の積分はコイル 1 周にわたる $\boldsymbol{E}$ の積分である.

　一方, 曲面 S を互いに重ならない微小な接平面 ΔS_i $(i = 1, 2, \ldots, n)$ で覆い, 接平面 ΔS_i の外向き法線ベクトルでその長さが接平面の面積に等しいベクトルを $\Delta \boldsymbol{S}_i$ と書く (C に沿って微小線分 $\Delta \boldsymbol{s}_i$ の向きに右ねじを回転させると右ねじが進む方を S の外側とする). また, 接平面 ΔS_i における磁束密度を $\boldsymbol{B}_i$ とする. この時, 磁束密度が平面 S に垂直でない一般の場合の磁束は

$$\sum_{i=1}^{n} \boldsymbol{B}_i \cdot \Delta \boldsymbol{S}_i$$

となる. よって, $n \to \infty$ の時, 磁束の一般化した定義式は

$$\Phi \stackrel{\text{def}}{=} \int_S \boldsymbol{B} \cdot \mathrm{d}\boldsymbol{S} \tag{4.13}$$

となる. 今, コイルが動かないことを考慮に入れると, (4.11), (4.12), (4.13) よりマクスウェルの方程式の第 2 式

$$\oint_C \boldsymbol{E} \cdot \mathrm{d}\boldsymbol{s} = -\int_S \frac{\partial \boldsymbol{B}}{\partial t} \cdot \mathrm{d}\boldsymbol{S} \tag{4.14}$$

を得る (図 4.7 も参照).

4.1.3　磁界におけるガウスの法則

　マクスウェルの方程式の第 3 式は磁界におけるガウスの法則を表す. クーロンは, 磁石の磁極 (N 極や S 極) の間に働く力を測定し, 磁極に対するクーロンの法則を発見した. 磁極 a と磁極 b の位置ベクトルをそれぞれ $\boldsymbol{r}_a$ と $\boldsymbol{r}_b$ とする. この時, 磁極 b から磁極 a に力

$$\boldsymbol{F}_{ab} \stackrel{\text{def}}{=} \frac{1}{4\pi\mu_0} \frac{p_a p_b}{\|\boldsymbol{r}_a - \boldsymbol{r}_b\|^2} \frac{\boldsymbol{r}_a - \boldsymbol{r}_b}{\|\boldsymbol{r}_a - \boldsymbol{r}_b\|} \tag{4.15}$$

が働き, 磁極 a から磁極 b に力

$$\boldsymbol{F}_{ba} \stackrel{\text{def}}{=} -\boldsymbol{F}_{ab}$$

が働く. ここで, μ_0 は真空の透磁率, つまり,

$$\mu_0 \overset{\text{def}}{=} 4\pi \times 10^{-7} \ [\text{Wb}^2/(\text{N} \cdot \text{m}^2)] = 4\pi \times 10^{-7} \ [\text{N/A}^2]$$

である [2, p. 165]. また, p_a や p_b は磁極の強さと呼ばれ, 単位は Wb である. もし強さの等しい 2 つの磁極を 1 m 離した時に働く力の大きさが $10^7/(4\pi^2)$ [N] なら, その磁極の強さを 1 Wb と定め [9, p. 43], N 極ならば磁極の符号をプラス, S 極ならばマイナスにする. したがって, もし $p_a p_b < 0$ なら引力となり, 逆に $p_a p_b > 0$ なら斥力となる. (4.1) と (4.15) の類似性に注意せよ.

　第 4.1.1 節では, クーロンの法則から始めて, ガウスの法則 (4.8) を導いた. よって, 磁極に対するクーロンの法則から磁界においてもガウスの法則が成立するのではないかと思われる. 実際, これは正しい. しかし, 磁極は分極電荷に対応し, 磁極の N 極あるいは S 極だけを取り出すことはできない [13, p. 223]. つまり, 真電荷に対応するものがない. ところで, 電束密度 D は磁束密度 B に対応する. 以上のことがらと (4.8) から, マクスウェルの方程式の第 3 式

$$\int_S \boldsymbol{B} \cdot \mathrm{d}\boldsymbol{S} = 0 \tag{4.16}$$

を得る.

4.1.4　拡張されたアンペールの法則

　マクスウェルの方程式の第 4 式は拡張されたアンペールの法則を表す. これまでに電界と磁界におけるクーロンの法則の成立を見た. このことから (4.3) に対応して, 磁界の強さ

$$\boldsymbol{H} \overset{\text{def}}{=} \frac{\boldsymbol{F}}{p}$$

を定義する. ただし, $\boldsymbol{F}$ は磁極の強さ p の磁極が磁界から受ける力であり, もちろん $\boldsymbol{H}$ はその磁極の位置における磁界の強さである. 磁界の強さを単に磁界と呼ぶこともある. 単位は A/m である.

　図 4.8 に示すように直線状の電線に電流 I を流すと, 電線を中心とする円周上に磁界 $\boldsymbol{H}$ が発生し, 電線から r 離れた位置での磁界の強さは

$$H = \frac{I}{2\pi r}$$

となる (磁界 $\boldsymbol{H}$ の大きさ, つまり $\|\boldsymbol{H}\|$ を H で表していることに注意せよ). これをアンペールの法則と呼ぶ. ここで, 電線は r に比べて十分に長いものとする. また, 磁界の向きに右ねじを回転させると電流の向きに右ねじが進むことに注意せよ.

　上式の両辺に $2\pi r$ を掛けると

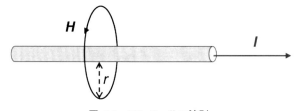

図 4.8　アンペールの法則

$$2\pi r H = I \tag{4.17}$$

を得る. つまり, 電線から r 離れた円周上での磁界の強さと円周の長さの積は電線を流れる電流 I に等しくなる. 次に左辺を一般化する. 電流を取り囲む任意の閉曲線を C とし, C を縁とする任意の曲面を S とする. 閉曲線 C と接する微小線分 Δs_i $(i=1,2,\ldots,n)$ を C に沿って取り, 各接点における磁界を $\boldsymbol{H}_i$ と書く. この時, (4.17) の左辺に対応する量は

$$\sum_{i=1}^{n} \boldsymbol{H}_i \cdot \Delta \boldsymbol{s}_i \tag{4.18}$$

である. 一方, 曲面 S を互いに重ならない微小な接平面 ΔS_j $(j=1,2,\ldots,m)$ で覆い, 接平面の外向き法線ベクトルでその長さが接平面 ΔS_j の面積に等しいベクトルを $\Delta \boldsymbol{S}_j$ と書く (C に沿って微小線分 Δs_i の向きに右ねじを回転させると右ねじが進む方を S の外側とする). また, 各接平面を通過する電流の電流密度を $\boldsymbol{J}_j$ とする. ただし, 電流密度の向きは電流と同じ向きにとる. この時, (4.17) の右辺 $I = I/(\pi r^2) \times \pi r^2$ に対応する量は

$$\sum_{j=1}^{m} \boldsymbol{J}_j \cdot \Delta \boldsymbol{S}_j \tag{4.19}$$

である. (4.17), (4.18), (4.19) より, $n,m \to \infty$ の時, アンペールの法則の積分形

$$\oint_C \boldsymbol{H} \cdot \mathrm{d}\boldsymbol{s} = \int_S \boldsymbol{J} \cdot \mathrm{d}\boldsymbol{S} \tag{4.20}$$

を得る.

　アンペールの法則は, 電流が流れるとその周りに磁界が発生することを意味している. マクスウェルは, 電流が流れなくとも電界が変化すれば磁界が発生することに気づいた. この現象も扱えるように (4.20) を拡張する. その為に, 図 4.4 に表されるようなコンデンサーを考える. 導体間の距離を d, 誘電体と向かい合う導体の表面の面積を S, 誘電体の誘電率を ε とすると, コンデンサーの電気容量 C_0 は

$$C_0 = \varepsilon \frac{S}{d}$$

によって与えられる. このコンデンサーを電源につなぎ, 時間 Δt の間に ΔQ の電荷が溜まり導体間に強さ ΔE の電界が生じたとすると, $\Delta Q = C_0 \Delta E d$ と (4.7) より

$$\frac{\Delta Q}{\Delta t} = \frac{C_0 \Delta E d}{\Delta t} = \frac{\varepsilon S \Delta E}{\Delta t} = \frac{S \Delta D}{\Delta t}$$

となる. よって, コンデンサーの電荷量が変化することによりあたかも誘電体に電流が流れるとし [13, p. 312], その電流密度を $\tilde{\boldsymbol{J}}$ と書くと, $\Delta t \to 0$ の時

$$\tilde{\boldsymbol{J}} = \frac{\partial \boldsymbol{D}}{\partial t}$$

を得る. 導体に流れる通常の電流と区別し, この電流 (電束密度 $\boldsymbol{D}$ の変化による電流) を変位電流と呼ぶ. (4.20) の右辺に変位電流による項を加えてアンペールの法則を拡張すると

$$\oint_C \boldsymbol{H} \cdot \mathrm{d}\boldsymbol{s} = \int_S \boldsymbol{J} \cdot \mathrm{d}\boldsymbol{S} + \int_S \frac{\partial \boldsymbol{D}}{\partial t} \cdot \mathrm{d}\boldsymbol{S} \tag{4.21}$$

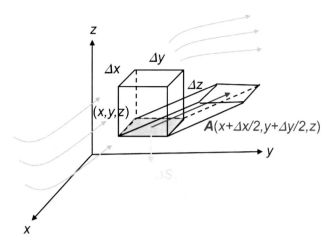

図 4.9　流体中の微小立方体

となる. これがマクスウェルの方程式の第 4 式である.

　磁束密度と電界の強さの関係を述べる. 電流などによって与えられた磁界 H の中に鉄などの物質を置くと, それ自体が新たに磁界 H_1 を生成する. このような性質を持つ物質を磁性体と呼ぶ. 全磁界 $H + H_1$ に真空の透磁率 μ_0 を掛けた量

$$B \stackrel{\text{def}}{=} \mu_0(H + H_1)$$

を磁束密度と呼ぶ. H が与えられた磁界の強さを表す一方で, B は実際の磁力の強さを表す. 磁性体の透磁率を μ と書くと

$$B = \mu H \tag{4.22}$$

が成り立つ. この関係と (4.7) との対応に注意せよ.

4.2　電気磁気学の基本方程式 (微分形)

　第 4.1 節では, マクスウェルの方程式の意味を確認しながら方程式の積分形を導出した. この節では, これらを微分形に書き換える. その準備としてガウスの定理とストークスの定理を述べた後, マクスウェルの方程式の微分形を与える.

4.2.1　ガウスの定理

　図 4.9 に示すように流体の中に微小立方体をとり, そこから湧き出す流体の量について考える. 点 (x, y, z) における流体の速度を $A(x, y, z)$ で表す. 図の色つき微小平面の外向き法線ベクトルでその長さが微小平面の面積に等しいベクトルを ΔS_1 と書くと, 微小平面を通して微小立方体から湧き出る流体の単位時間当たりの流量は

$$\boldsymbol{A}\left(x+\frac{\Delta x}{2}, y+\frac{\Delta y}{2}, z\right) \cdot \Delta \boldsymbol{S}_1 = \boldsymbol{A}\left(x+\frac{\Delta x}{2}, y+\frac{\Delta y}{2}, z\right) \cdot \Delta x \Delta y(-\boldsymbol{k})$$

$$= -A_z\left(x+\frac{\Delta x}{2}, y+\frac{\Delta y}{2}, z\right) \Delta x \Delta y$$

$$\approx -A_z(x, y, z) \Delta x \Delta y$$

($\Delta x, \Delta y$ に関する高次項は無視できる) である. ここで, $\boldsymbol{k}$ は z 軸方向正の向きの単位ベクトルであり, A_z は $\boldsymbol{A}$ の z 成分である. 一方, 上側の微小平面の外向き法線ベクトルでその長さが微小平面の面積に等しいベクトルを $\Delta \boldsymbol{S}_2$ と書くと, 微小平面を通して微小立方体から湧き出る流体の単位時間当たりの流量は

$$\boldsymbol{A}\left(x+\frac{\Delta x}{2}, y+\frac{\Delta y}{2}, z+\Delta z\right) \cdot \Delta \boldsymbol{S}_2 = \boldsymbol{A}\left(x+\frac{\Delta x}{2}, y+\frac{\Delta y}{2}, z+\Delta z\right) \cdot (\Delta x \Delta y)\boldsymbol{k}$$

$$= A_z\left(x+\frac{\Delta x}{2}, y+\frac{\Delta y}{2}, z+\Delta z\right) \Delta x \Delta y$$

$$\approx A_z(x, y, z) \Delta x \Delta y + \frac{\partial A_z}{\partial z}(x, y, z) \Delta x \Delta y \Delta z$$

($\Delta x, \Delta y, \Delta z$ に関する高次項は無視できる) である. 上の 2 式の左辺において $\|\Delta \boldsymbol{S}_1\| = \|\Delta \boldsymbol{S}_2\| = \Delta x \Delta y$ であるので, これらにおいても $\Delta x, \Delta y$ の高次項を無視して

$$\boldsymbol{A}\left(x+\frac{\Delta x}{2}, y+\frac{\Delta y}{2}, z\right) \cdot \Delta \boldsymbol{S}_1 \approx \boldsymbol{A}(x, y, z) \cdot \Delta \boldsymbol{S}_1,$$

$$\boldsymbol{A}\left(x+\frac{\Delta x}{2}, y+\frac{\Delta y}{2}, z+\Delta z\right) \cdot \Delta \boldsymbol{S}_2 \approx \boldsymbol{A}(x, y, z+\Delta z) \cdot \Delta \boldsymbol{S}_2$$

と書ける. 以上のことがらをまとめて

$$\boldsymbol{A}(x, y, z) \cdot \Delta \boldsymbol{S}_1 + \boldsymbol{A}(x, y, z+\Delta z) \cdot \Delta \boldsymbol{S}_2 \approx \frac{\partial A_z}{\partial z}(x, y, z) \Delta x \Delta y \Delta z \tag{4.23}$$

を得る. 左右の微小平面に対する外向き法線ベクトルをそれぞれ $\Delta \boldsymbol{S}_3, \Delta \boldsymbol{S}_4$ と書き, 奥と手前の微小平面に対する外向き法線ベクトルを $\Delta \boldsymbol{S}_5, \Delta \boldsymbol{S}_6$ と書く時, (4.23) と同様にして

$$\boldsymbol{A}(x, y, z) \cdot \Delta \boldsymbol{S}_3 + \boldsymbol{A}(x, y+\Delta y, z) \cdot \Delta \boldsymbol{S}_4 \approx \frac{\partial A_y}{\partial y}(x, y, z) \Delta x \Delta y \Delta z,$$

$$\boldsymbol{A}(x, y, z) \cdot \Delta \boldsymbol{S}_5 + \boldsymbol{A}(x+\Delta x, y, z) \cdot \Delta \boldsymbol{S}_6 \approx \frac{\partial A_x}{\partial x}(x, y, z) \Delta x \Delta y \Delta z \tag{4.24}$$

を得る. ただし, A_x, A_y はそれぞれ $\boldsymbol{A}$ の x, y 成分である. (4.23) と (4.24) を足し合わせれば, 微小立方体に関して

$$\begin{aligned}(\mathrm{div}\boldsymbol{A})(x, y, z)\Delta v \approx &\boldsymbol{A}(x, y, z) \cdot \Delta \boldsymbol{S}_1 + \boldsymbol{A}(x, y, z+\Delta z) \cdot \Delta \boldsymbol{S}_2 \\ &+ \boldsymbol{A}(x, y, z) \cdot \Delta \boldsymbol{S}_3 + \boldsymbol{A}(x, y+\Delta y, z) \cdot \Delta \boldsymbol{S}_4 \\ &+ \boldsymbol{A}(x, y, z) \cdot \Delta \boldsymbol{S}_5 + \boldsymbol{A}(x+\Delta x, y, z) \cdot \Delta \boldsymbol{S}_6\end{aligned} \tag{4.25}$$

を得る. ここで, Δv は微小立方体の体積 ($\Delta x \Delta y \Delta z$) であり,

$$\mathrm{div}\boldsymbol{A} \stackrel{\mathrm{def}}{=} \frac{\partial A_x}{\partial x} + \frac{\partial A_y}{\partial y} + \frac{\partial A_z}{\partial z}$$

である. 上で見た通り $(\mathrm{div}\boldsymbol{A})(x,y,z)$ は, 点 (x,y,z) における流体の単位時間単位体積当たりの湧き出し量を表すことに注意せよ.

次に, 図 4.10 に示すように流体の中に隣り合う 2 つの微小立方体をとり, そこから湧き出す流体の量について考える. 下の微小立方体に関して (4.25) の関係が得られる. 上の微小立方体にも体積や微小平面の法線ベクトルは同じものが使え,

$$
\begin{aligned}
(\mathrm{div}\boldsymbol{A})(x,y,z+\Delta z)\Delta v \approx &\boldsymbol{A}(x,y,z+\Delta z)\cdot\Delta\boldsymbol{S}_1 + \boldsymbol{A}(x,y,z+2\Delta z)\cdot\Delta\boldsymbol{S}_2 \\
&+ \boldsymbol{A}(x,y,z+\Delta z)\cdot\Delta\boldsymbol{S}_3 + \boldsymbol{A}(x,y+\Delta y,z+\Delta z)\cdot\Delta\boldsymbol{S}_4 \quad (4.26)\\
&+ \boldsymbol{A}(x,y,z+\Delta z)\cdot\Delta\boldsymbol{S}_5 + \boldsymbol{A}(x+\Delta x,y,z+\Delta z)\cdot\Delta\boldsymbol{S}_6
\end{aligned}
$$

となる. よって, 2 つの微小立方体から湧き出す流体の量は (4.25) と (4.26) を足し合わせれば得られるが, その際 $\Delta\boldsymbol{S}_1 = -\Delta\boldsymbol{S}_2$ なので (4.25) の右辺第 2 項と (4.26) の右辺第 1 項の和が 0 になる. これは, 図 4.10 の色つき微小平面については速度と微小平面の内積を計算せず, 2 つの微小立方体を合成した微小直方体の表面についてのみ内積を計算すれば良いことを意味する.

以上のことがらを踏まえて, 一般の場合を考える. 流体中の任意の閉曲面を S とし, S によって囲まれる領域を V とする. 領域 V を互いに重ならない微小領域 Δv_i $(i=1,2,\dots,n)$ に分割し, Δv_i における $\mathrm{div}\boldsymbol{A}$ の値を $(\mathrm{div}\boldsymbol{A})_i$ と書く. この時, (4.25) の左辺に対応する量は

$$
\sum_{i=1}^{n}(\mathrm{div}\boldsymbol{A})_i\Delta v_i \tag{4.27}
$$

である. ここで, 表記を簡単にする為, 微小領域 Δv_i の体積も Δv_i で表していることに注意せよ. 一方, 閉曲面 S を互いに重ならない微小な接平面 ΔS_j $(j=1,2,\dots,m)$ で覆い, 接平面の外向き法線ベクトルでその長さが接平面の面積に等しいベクトルを $\Delta\boldsymbol{S}_j$ と書く. この時, (4.25) の右辺に対応する量は

$$
\sum_{j=1}^{m}\boldsymbol{A}_j\cdot\Delta\boldsymbol{S}_j \tag{4.28}
$$

である. ここで, $\boldsymbol{A}_j$ は ΔS_j における速度を表す. (4.25), (4.27), (4.28) より $n,m\to\infty$ の時,

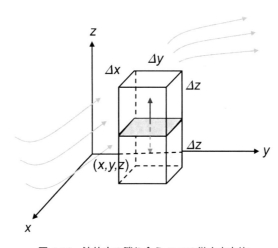

図 4.10　流体中の隣り合う 2 つの微小立方体

ガウスの定理

$$\int_V \mathrm{div}\boldsymbol{A}\mathrm{d}v = \int_S \boldsymbol{A} \cdot \mathrm{d}\boldsymbol{S} \tag{4.29}$$

を得る. なお, 便宜上 $\boldsymbol{A}$ を速度として説明したが, ガウスの定理は一般のベクトル $\boldsymbol{A}$ に対して成り立つ.

4.2.2 ストークスの定理

速度 $\boldsymbol{A}$ で移動している流体に対して, まず簡単の為, 図 4.11 に示すように x-y 平面と並行に微小長方形に沿った反時計回りの経路を考える. この時, 速度 $\boldsymbol{A}$ と微小線分ベクトル $\Delta \boldsymbol{s}_i$ $(i = 1, 2, 3, 4)$ の内積の和は

$$\boldsymbol{A}\left(x + \frac{\Delta x}{2}, y, z\right) \cdot \Delta \boldsymbol{s}_1 + \boldsymbol{A}\left(x + \Delta x, y + \frac{\Delta y}{2}, z\right) \cdot \Delta \boldsymbol{s}_2$$
$$+ \boldsymbol{A}\left(x + \frac{\Delta x}{2}, y + \Delta y, z\right) \cdot \Delta \boldsymbol{s}_3 + \boldsymbol{A}\left(x, y + \frac{\Delta y}{2}, z\right) \cdot \Delta \boldsymbol{s}_4$$
$$= \boldsymbol{A}\left(x + \frac{\Delta x}{2}, y, z\right) \cdot (\Delta x)\boldsymbol{i} + \boldsymbol{A}\left(x + \Delta x, y + \frac{\Delta y}{2}, z\right) \cdot (\Delta y)\boldsymbol{j}$$
$$+ \boldsymbol{A}\left(x + \frac{\Delta x}{2}, y + \Delta y, z\right) \cdot \Delta x(-\boldsymbol{i}) + \boldsymbol{A}\left(x, y + \frac{\Delta y}{2}, z\right) \cdot \Delta y(-\boldsymbol{j})$$

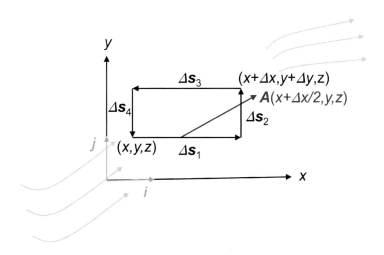

図 4.11 移動する流体と x-y 平面に平行な微小経路

$$= A_x \left(x + \frac{\Delta x}{2}, y, z \right) \Delta x + A_y \left(x + \Delta x, y + \frac{\Delta y}{2}, z \right) \Delta y$$

$$- A_x \left(x + \frac{\Delta x}{2}, y + \Delta y, z \right) \Delta x - A_y \left(x, y + \frac{\Delta y}{2}, z \right) \Delta y$$

$$= \left\{ A_y \left(x + \Delta x, y + \frac{\Delta y}{2}, z \right) - A_y \left(x, y + \frac{\Delta y}{2}, z \right) \right\} \Delta y$$

$$- \left\{ A_x \left(x + \frac{\Delta x}{2}, y + \Delta y, z \right) - A_x \left(x + \frac{\Delta x}{2}, y, z \right) \right\} \Delta x$$

$$\approx \left\{ \frac{\partial A_y}{\partial x}(x, y, z) - \frac{\partial A_x}{\partial y}(x, y, z) \right\} \Delta x \Delta y$$

($\Delta x, \Delta y$ に関する高次項は無視できる) となる．ただし，i, j はそれぞれ x, y 軸方向正の向きの単位ベクトルである．また，

$$A_y \left(x + \Delta x, y + \frac{\Delta y}{2}, z \right) \approx A_y(x, y, z) + \frac{\partial A_y}{\partial x}(x, y, z)\Delta x + \frac{\partial A_y}{\partial y}(x, y, z)\frac{\Delta y}{2}$$

などを用いたことにも注意せよ．

次に，図 4.12 に示すような y 軸に平行な微小長方形に沿った経路を考える．この時，速度 $\boldsymbol{A}$ と微小線分ベクトル $\Delta \boldsymbol{s}_i$ $(i = 1, 3)$ の内積の和は

$$\boldsymbol{A} \left(x + \frac{\Delta x}{2}, y, z + \frac{\Delta z}{2} \right) \cdot \Delta \boldsymbol{s}_1 + \boldsymbol{A} \left(x + \frac{\Delta x}{2}, y + \Delta y, z + \frac{\Delta z}{2} \right) \cdot \Delta \boldsymbol{s}_3$$

$$= \boldsymbol{A} \left(x + \frac{\Delta x}{2}, y, z + \frac{\Delta z}{2} \right) \cdot \Delta \boldsymbol{s}_1 + \boldsymbol{A} \left(x + \frac{\Delta x}{2}, y + \Delta y, z + \frac{\Delta z}{2} \right) \cdot (-\Delta \boldsymbol{s}_1)$$

$$= - \left\{ \boldsymbol{A} \left(x + \frac{\Delta x}{2}, y + \Delta y, z + \frac{\Delta z}{2} \right) - \boldsymbol{A} \left(x + \frac{\Delta x}{2}, y, z + \frac{\Delta z}{2} \right) \right\} \cdot ((\Delta x)\boldsymbol{i} + (\Delta z)\boldsymbol{k})$$

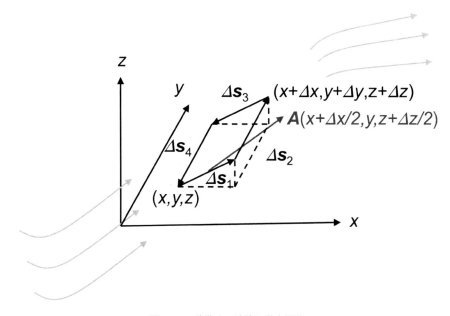

図 4.12　移動する流体と微小経路

$$= -\left\{A_x\left(x+\frac{\Delta x}{2},y+\Delta y,z+\frac{\Delta z}{2}\right)-A_x\left(x+\frac{\Delta x}{2},y,z+\frac{\Delta z}{2}\right)\right\}\Delta x$$
$$-\left\{A_z\left(x+\frac{\Delta x}{2},y+\Delta y,z+\frac{\Delta z}{2}\right)-A_z\left(x+\frac{\Delta x}{2},y,z+\frac{\Delta z}{2}\right)\right\}\Delta z$$
$$\approx -\frac{\partial A_x}{\partial y}(x,y,z)\Delta x\Delta y-\frac{\partial A_z}{\partial y}(x,y,z)\Delta y\Delta z$$

($\Delta x,\Delta y,\Delta z$ に関する高次項は無視できる) となり, 速度 $\boldsymbol{A}$ と微小線分ベクトル Δs_i ($i=2,4$) の内積の和は

$$\boldsymbol{A}\left(x+\Delta x,y+\frac{\Delta y}{2},z+\Delta z\right)\cdot\Delta\boldsymbol{s}_2+\boldsymbol{A}\left(x,y+\frac{\Delta y}{2},z\right)\cdot\Delta\boldsymbol{s}_4$$
$$=\boldsymbol{A}\left(x+\Delta x,y+\frac{\Delta y}{2},z+\Delta z\right)\cdot\Delta\boldsymbol{s}_2+\boldsymbol{A}\left(x,y+\frac{\Delta y}{2},z\right)\cdot(-\Delta\boldsymbol{s}_2)$$
$$=\left\{\boldsymbol{A}\left(x+\Delta x,y+\frac{\Delta y}{2},z+\Delta z\right)-\boldsymbol{A}\left(x,y+\frac{\Delta y}{2},z\right)\right\}\cdot(\Delta y)\boldsymbol{j}$$
$$=\left\{A_y\left(x+\Delta x,y+\frac{\Delta y}{2},z+\Delta z\right)-A_y\left(x,y+\frac{\Delta y}{2},z\right)\right\}\Delta y$$
$$\approx\frac{\partial A_y}{\partial x}(x,y,z)\Delta x\Delta y+\frac{\partial A_y}{\partial z}(x,y,z)\Delta y\Delta z$$

($\Delta x,\Delta y,\Delta z$ に関する高次項は無視できる) となる. ところで, 経路の向きに回転させた右ねじが進む向きで, 長さが微小長方形の面積に等しいベクトルを $\Delta\boldsymbol{S}$ と書くと, $\Delta y\|\Delta\boldsymbol{s}_1\|=\|\Delta\boldsymbol{S}\|$ に注意して

$$\Delta x\Delta y=\Delta y(\Delta\boldsymbol{s}_1\cdot\boldsymbol{i})=\Delta\boldsymbol{S}\cdot\boldsymbol{k},\qquad\Delta y\Delta z=\Delta y(\Delta\boldsymbol{s}_1\cdot\boldsymbol{k})=\Delta\boldsymbol{S}\cdot(-\boldsymbol{i})$$

と書ける (図 4.13 参照). ただし, $\boldsymbol{k}$ は z 軸方向正の向きの単位ベクトルである. よって, 速度 $\boldsymbol{A}$ と微小線分ベクトル Δs_i ($i=1,2,3,4$) の内積の和は

$$\boldsymbol{A}\left(x+\frac{\Delta x}{2},y,z+\frac{\Delta z}{2}\right)\cdot\Delta\boldsymbol{s}_1+\boldsymbol{A}\left(x+\Delta x,y+\frac{\Delta y}{2},z+\Delta z\right)\cdot\Delta\boldsymbol{s}_2$$
$$+\boldsymbol{A}\left(x+\frac{\Delta x}{2},y+\Delta y,z+\frac{\Delta z}{2}\right)\cdot\Delta\boldsymbol{s}_3+\boldsymbol{A}\left(x,y+\frac{\Delta y}{2},z\right)\cdot\Delta\boldsymbol{s}_4$$
$$\approx\left\{\frac{\partial A_y}{\partial x}(x,y,z)-\frac{\partial A_x}{\partial y}(x,y,z)\right\}\Delta\boldsymbol{S}\cdot\boldsymbol{k}+\left\{\frac{\partial A_z}{\partial y}(x,y,z)-\frac{\partial A_y}{\partial z}(x,y,z)\right\}\Delta\boldsymbol{S}\cdot\boldsymbol{i}$$

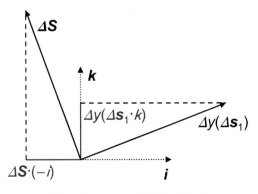

図 4.13 $\Delta y\Delta z$ の表現に関して

である.

次に, 一般の微小平行四辺形に沿った経路を考える. これまでに得た結果より速度 $\boldsymbol{A}$ と微小線分ベクトル $\Delta \boldsymbol{s}_i \; (i = 1, 2, 3, 4)$ の内積の和は

$$
\boldsymbol{A}_1 \cdot \Delta \boldsymbol{s}_1 + \boldsymbol{A}_2 \cdot \Delta \boldsymbol{s}_2 + \boldsymbol{A}_3 \cdot \Delta \boldsymbol{s}_3 + \boldsymbol{A}_4 \cdot \Delta \boldsymbol{s}_4
$$

$$
\approx \left\{ \frac{\partial A_z}{\partial y}(x, y, z) - \frac{\partial A_y}{\partial z}(x, y, z) \right\} \Delta \boldsymbol{S} \cdot \boldsymbol{i} + \left\{ \frac{\partial A_x}{\partial z}(x, y, z) - \frac{\partial A_z}{\partial x}(x, y, z) \right\} \Delta \boldsymbol{S} \cdot \boldsymbol{j}
$$

$$
+ \left\{ \frac{\partial A_y}{\partial x}(x, y, z) - \frac{\partial A_x}{\partial y}(x, y, z) \right\} \Delta \boldsymbol{S} \cdot \boldsymbol{k}
$$

となる. ただし, $\boldsymbol{A}_i \; (i = 1, 2, 3, 4)$ は微小線分 $\Delta \boldsymbol{s}_i$ における速度を表す. ここで,

$$
\mathrm{rot}\boldsymbol{A} \stackrel{\text{def}}{=} \left(\frac{\partial A_z}{\partial y} - \frac{\partial A_y}{\partial z} \right) \boldsymbol{i} + \left(\frac{\partial A_x}{\partial z} - \frac{\partial A_z}{\partial x} \right) \boldsymbol{j} + \left(\frac{\partial A_y}{\partial x} - \frac{\partial A_x}{\partial y} \right) \boldsymbol{k} \tag{4.30}
$$

とおくと

$$
\sum_{i=1}^{4} \boldsymbol{A}_i \cdot \Delta \boldsymbol{s}_i = (\mathrm{rot}\boldsymbol{A})(x, y, z) \cdot \Delta \boldsymbol{S} \tag{4.31}
$$

を得る.

次に, 図 4.14 に示すように隣り合う 2 つの微小並行四辺形に沿った経路を考える. それぞれの微小平行四辺形に (4.31) を適用し, その結果を足し合わせる. その際, 図 4.14 より $\boldsymbol{A}_2 \cdot \Delta \boldsymbol{s}_2 = -\boldsymbol{A}_8 \cdot \Delta \boldsymbol{s}_8$ なので

$$
(\mathrm{rot}\boldsymbol{A})(x_1, y_1, z_1) \cdot \Delta \boldsymbol{S}_1 + (\mathrm{rot}\boldsymbol{A})(x_2, y_2, z_2) \cdot \Delta \boldsymbol{S}_2
$$

$$
= \boldsymbol{A}_1 \cdot \Delta \boldsymbol{s}_1 + \boldsymbol{A}_3 \cdot \Delta \boldsymbol{s}_3 + \boldsymbol{A}_4 \cdot \Delta \boldsymbol{s}_4 + \boldsymbol{A}_5 \cdot \Delta \boldsymbol{s}_5 + \boldsymbol{A}_6 \cdot \Delta \boldsymbol{s}_6 + \boldsymbol{A}_7 \cdot \Delta \boldsymbol{s}_7
$$

を得る. これは, 図 4.14 の経路 $\Delta \boldsymbol{s}_2, \Delta \boldsymbol{s}_8$ については速度との内積を計算せず, 2 つの微小平行四辺形を合成した図形の周辺についてのみ内積を計算すれば良いことを意味する.

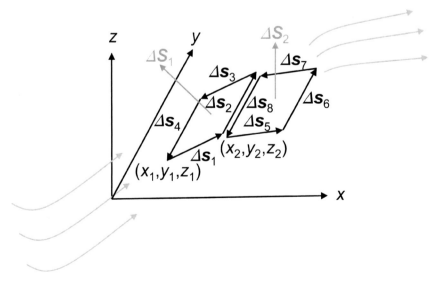

図 4.14　2 つの微小並行四辺形に沿った経路

以上のことがらを踏まえて, 一般の場合を考える. 流体中の任意の閉曲線を C とし, C を縁とする任意の曲面を S とする. 閉曲線 C と接する微小線分 $\Delta s_i \ (i = 1, 2, \ldots, n)$ を C に沿って取り, 各接点における速度を A_i と書く. この時, (4.31) の左辺に対応する量は

$$\sum_{i=1}^{n} A_i \cdot \Delta s_i \tag{4.32}$$

である. 一方, 閉曲面 S を互いに重ならない微小な接平面 $\Delta S_j \ (j = 1, 2, \ldots, m)$ で覆い, 接平面の外向き法線ベクトルでその長さが接平面の面積に等しいベクトルを ΔS_j と書く (C に沿って微小線分 Δs_i の向きに右ねじを回転させると右ねじが進む方を S の外側とする). そして, ΔS_j における $\mathrm{rot} A$ の値を $(\mathrm{rot} A)_j$ と書く. この時, (4.31) の右辺に対応する量は

$$\sum_{j=1}^{m} (\mathrm{rot} A)_j \cdot \Delta S_j \tag{4.33}$$

である. (4.31), (4.32), (4.33) より $n, m \to \infty$ の時, ストークスの定理

$$\oint_C A \cdot \mathrm{d}s = \int_S \mathrm{rot} A \cdot \mathrm{d}S \tag{4.34}$$

を得る. なお, 便宜上 A を速度として説明したが, ストークスの定理は一般のベクトル A に対して成り立つ.

4.2.3 マクスウェルの方程式の微分形

この副節では, ガウスの定理とストークスの定理を利用して, マクスウェルの方程式を積分形式から微分形式に書き換える. 電束密度 D を (4.29) のベクトル A に代入すると

$$\int_V \mathrm{div} D \mathrm{d}v = \int_S D \cdot \mathrm{d}S$$

である. これと (4.8) より

$$\int_V \mathrm{div} D \mathrm{d}v = \int_V \rho \mathrm{d}v$$

を得る. 任意の領域 V に対してこれが成立するには

$$\mathrm{div} D = \rho \tag{4.35}$$

でなければならない. これがマクスウェルの方程式の第 1 式 (微分形) である.

電界 E を (4.34) のベクトル A に代入すると

$$\oint_C E \cdot \mathrm{d}s = \int_S \mathrm{rot} E \cdot \mathrm{d}S$$

である. これと (4.14) より

$$\int_S \mathrm{rot} E \cdot \mathrm{d}S = -\int_S \frac{\partial B}{\partial t} \cdot \mathrm{d}S$$

を得る. 任意の曲面 S に対してこれが成立するには

$$\mathrm{rot} E = -\frac{\partial B}{\partial t} \tag{4.36}$$

でなければならない. これがマクスウェルの方程式の第 2 式 (微分形) である.

同様にして, (4.16) と (4.29) からマクスウェルの方程式の第 3 式 (微分形)

$$\text{div}\boldsymbol{B} = 0 \tag{4.37}$$

を得, (4.21) と (4.34) からマクスウェルの方程式の第 4 式 (微分形)

$$\text{rot}\boldsymbol{H} = \boldsymbol{J} + \frac{\partial \boldsymbol{D}}{\partial t} \tag{4.38}$$

を得る.

4.3　マクスウェルの方程式に対する数値解法

第 4.2.3 節において, 偏微分方程式で記述されたマクスウェルの方程式を得た. また, 前章にて偏微分方程式の数値解法として差分法を学んだ. よって, 本章ではマクスウェルの方程式を解く為に Finite Difference Time Domain (FDTD) 法 (時間領域差分法とも言う) [4] を採用する. この解法は, 時間と空間において中心差分近似を用いる.

4.3.1　FDTD 法

FDTD 法では, 4 つのマクスウェル方程式の中で (4.36) と (4.38) を基本方程式として使い, ガウスの法則 (4.35) と (4.37) は直接使用しない. これらはしばしば数値計算誤差の評価に利用される. 本節では, ε と μ が時間に依存しないと仮定する [4, p. 5]. この時, (4.7) と (4.22) を (4.36) と (4.38) に代入すると

$$\text{rot}\boldsymbol{E} = -\mu\frac{\partial \boldsymbol{H}}{\partial t}, \qquad \text{rot}\boldsymbol{H} = \boldsymbol{J} + \varepsilon\frac{\partial \boldsymbol{E}}{\partial t}$$

を得, これらと (4.30) より

$$\left(\frac{\partial E_z}{\partial y} - \frac{\partial E_y}{\partial z}\right)\boldsymbol{i} + \left(\frac{\partial E_x}{\partial z} - \frac{\partial E_z}{\partial x}\right)\boldsymbol{j} + \left(\frac{\partial E_y}{\partial x} - \frac{\partial E_x}{\partial y}\right)\boldsymbol{k}$$
$$= -\mu\left(\frac{\partial H_x}{\partial t}\boldsymbol{i} + \frac{\partial H_y}{\partial t}\boldsymbol{j} + \frac{\partial H_z}{\partial t}\boldsymbol{k}\right), \tag{4.39}$$
$$\left(\frac{\partial H_z}{\partial y} - \frac{\partial H_y}{\partial z}\right)\boldsymbol{i} + \left(\frac{\partial H_x}{\partial z} - \frac{\partial H_z}{\partial x}\right)\boldsymbol{j} + \left(\frac{\partial H_y}{\partial x} - \frac{\partial H_x}{\partial y}\right)\boldsymbol{k}$$
$$= \boldsymbol{J} + \varepsilon\left(\frac{\partial E_x}{\partial t}\boldsymbol{i} + \frac{\partial E_y}{\partial t}\boldsymbol{j} + \frac{\partial E_z}{\partial t}\boldsymbol{k}\right) \tag{4.40}$$

を得る.

今, 考える空間を $\{(x,y,z) \mid x \in [a_x, b_x],\ y \in [a_y, b_y],\ z \in [a_z, b_z]\}$ とし, 十分大きな自然数 N_x, N_y, N_z に対して

$$h_x \stackrel{\text{def}}{=} (b_x - a_x)/N_x, \quad h_y \stackrel{\text{def}}{=} (b_y - a_y)/N_y, \quad h_z \stackrel{\text{def}}{=} (b_z - a_z)/N_z,$$

$$x_i \stackrel{\text{def}}{=} a_x + h_x i \ \ (i \geq 0), \quad y_j \stackrel{\text{def}}{=} a_y + h_y j \ \ (j \geq 0), \quad z_k \stackrel{\text{def}}{=} a_z + h_z k \ \ (k \geq 0)$$

と書くことにする. さて, (4.39) の右辺 i 成分では, 位置 $(x_i, y_j + h_y/2, z_k + h_z/2)$ における H_x を考え, (4.39) の左辺 i 成分に現れる偏微分を中心差分 (3.3) で近似することにしよう. この時,

$$\frac{\partial E_z}{\partial y}(x_i, y_j + h_y/2, z_k + h_z/2) \approx \frac{E_z(x_i, y_{j+1}, z_k + h_z/2) - E_z(x_i, y_j, z_k + h_z/2)}{h_y},$$

$$\frac{\partial E_y}{\partial z}(x_i, y_j + h_y/2, z_k + h_z/2) \approx \frac{E_y(x_i, y_j + h_y/2, z_{k+1}) - E_y(x_i, y_j + h_y/2, z_k)}{h_z}$$

である. ここで, E_y と E_z は時間変数 t にも依存するが, 表記を簡単にする為, それを明示していない. 次に, (4.39) の右辺 j 成分では, 位置 $(x_i + h_x/2, y_j, z_k + h_z/2)$ における H_y を考え, 左辺 j 成分に現れる偏微分を同様に中心差分で近似すると,

$$\frac{\partial E_x}{\partial z}(x_i + h_x/2, y_j, z_k + h_z/2) \approx \frac{E_x(x_i + h_x/2, y_j, z_{k+1}) - E_x(x_i + h_x/2, y_j, z_k)}{h_z},$$

$$\frac{\partial E_z}{\partial x}(x_i + h_x/2, y_j, z_k + h_z/2) \approx \frac{E_z(x_{i+1}, y_j, z_k + h_z/2) - E_z(x_i, y_j, z_k + h_z/2)}{h_x}$$

となる. 更に, (4.39) の右辺 k 成分では, 位置 $(x_i + h_x/2, y_j + h_y/2, z_k)$ における H_z を考え, 左辺 k 成分に現れる偏微分を同様に中心差分で近似すると,

$$\frac{\partial E_y}{\partial x}(x_i + h_x/2, y_j + h_y/2, z_k) \approx \frac{E_y(x_{i+1}, y_j + h_y/2, z_k) - E_y(x_i, y_j + h_y/2, z_k)}{h_x},$$

$$\frac{\partial E_x}{\partial y}(x_i + h_x/2, y_j + h_y/2, z_k) \approx \frac{E_x(x_i + h_x/2, y_{j+1}, z_k) - E_x(x_i + h_x/2, y_j, z_k)}{h_y}$$

となる. 上で述べた空間の離散化に関して, 次の特徴に注意せよ.

- E_x は x 成分だけが半ステップ ($h_x/2$) ずれた点で評価される. E_y, E_z も同様である.
- H_x は y, z の 2 成分が半ステップずれた点で評価される. H_y, H_z も同様である.

これらを踏まえ, (4.40) に対する空間の離散化を行う. (4.40) の右辺 i 成分に $E_x(x_i + h_x/2, y_j, z_k)$ をとると, 左辺 i 成分の中心差分近似は

$$\frac{\partial H_z}{\partial y}(x_i + h_x/2, y_j, z_k) \approx \frac{H_z(x_i + h_x/2, y_j + h_y/2, z_k) - H_z(x_i + h_x/2, y_{j-1} + h_y/2, z_k)}{h_y},$$

$$\frac{\partial H_y}{\partial z}(x_i + h_x/2, y_j, z_k) \approx \frac{H_y(x_i + h_x/2, y_j, z_k + h_z/2) - H_y(x_i + h_x/2, y_j, z_{k-1} + h_z/2)}{h_z}$$

である. 同様に, (4.40) の右辺 j 成分に $E_y(x_i, y_j + h_y/2, z_k)$ をとり, k 成分に $E_z(x_i, y_j, z_k + h_z/2)$ をとると, 左辺 j, k 成分の中心差分近似は

$$\frac{\partial H_x}{\partial z}(x_i, y_j + h_y/2, z_k) \approx \frac{H_x(x_i, y_j + h_y/2, z_k + h_z/2) - H_x(x_i, y_j + h_y/2, z_{k-1} + h_z/2)}{h_z},$$

$$\frac{\partial H_z}{\partial x}(x_i, y_j + h_y/2, z_k) \approx \frac{H_z(x_i + h_x/2, y_j + h_y/2, z_k) - H_z(x_{i-1} + h_x/2, y_j + h_y/2, z_k)}{h_x},$$

$$\frac{\partial H_y}{\partial x}(x_i, y_j, z_k + h_z/2) \approx \frac{H_y(x_i + h_x/2, y_j, z_k + h_z/2) - H_y(x_{i-1} + h_x/2, y_j, z_k + h_z/2)}{h_x},$$

表 4.1　電界と磁界を表す変数のインデックスがとる値

	i	j	k
$\tilde{E}_x^{i,j,k}$	$0,1,\ldots,N_x-1$	$0,1,\ldots,N_y$	$0,1,\ldots,N_z$
$\tilde{E}_y^{i,j,k}$	$0,1,\ldots,N_x$	$0,1,\ldots,N_y-1$	$0,1,\ldots,N_z$
$\tilde{E}_z^{i,j,k}$	$0,1,\ldots,N_x$	$0,1,\ldots,N_y$	$0,1,\ldots,N_z-1$
$\tilde{H}_x^{i,j,k}$	$0,1,\ldots,N_x$	$0,1,\ldots,N_y-1$	$0,1,\ldots,N_z-1$
$\tilde{H}_y^{i,j,k}$	$0,1,\ldots,N_x-1$	$0,1,\ldots,N_y$	$0,1,\ldots,N_z-1$
$\tilde{H}_z^{i,j,k}$	$0,1,\ldots,N_x-1$	$0,1,\ldots,N_y-1$	$0,1,\ldots,N_z$

$$\frac{\partial H_x}{\partial y}(x_i, y_j, z_k + h_z/2) \approx \frac{H_x(x_i, y_j + h_y/2, z_k + h_z/2) - H_x(x_i, y_{j-1} + h_y/2, z_k + h_z/2)}{h_y}$$

となる. したがって, 上で述べた (4.39) に対する離散化の特徴が (4.40) でも保持されている. そこで, 表記を簡単にする為,

$$\tilde{E}_x^{i,j,k} \overset{\text{def}}{=} E_x(x_i + h_x/2, y_j, z_k), \quad \tilde{H}_x^{i,j,k} \overset{\text{def}}{=} H_x(x_i, y_j + h_y/2, z_k + h_z/2),$$

$$\tilde{E}_y^{i,j,k} \overset{\text{def}}{=} E_y(x_i, y_j + h_y/2, z_k), \quad \tilde{H}_y^{i,j,k} \overset{\text{def}}{=} H_y(x_i + h_x/2, y_j, z_k + h_z/2),$$

$$\tilde{E}_z^{i,j,k} \overset{\text{def}}{=} E_z(x_i, y_j, z_k + h_z/2), \quad \tilde{H}_z^{i,j,k} \overset{\text{def}}{=} H_z(x_i + h_x/2, y_j + h_y/2, z_k)$$

を導入する. 加えて, $\tilde{J}_x^{i,j,k}, \tilde{J}_y^{i,j,k}, \tilde{J}_z^{i,j,k}$ も $\tilde{E}_x^{i,j,k}, \tilde{E}_y^{i,j,k}, \tilde{E}_z^{i,j,k}$ と同様に導入する. つまり, 例えば $\tilde{J}_x^{i,j,k}$ に対しては

$$\tilde{J}_x^{i,j,k} \overset{\text{def}}{=} J_x(x_i + h_x/2, y_j, z_k)$$

とする. ここで, $\tilde{E}_y^{i,j,k}$ や $\tilde{H}_y^{i,j,k}$ のインデックスがとる値は, 表 4.1 の通りである.

　これまで時間変数 t への依存を明示しなかったが, 上の表記を取り入れるのに伴い, これ以降それを明示することにしよう. これまでの結果から, (4.39) と (4.40) は

$$\begin{bmatrix} \dfrac{\tilde{E}_z^{i,j+1,k}(t) - \tilde{E}_z^{i,j,k}(t)}{h_y} - \dfrac{\tilde{E}_y^{i,j,k+1}(t) - \tilde{E}_y^{i,j,k}(t)}{h_z} \\[2mm] \dfrac{\tilde{E}_x^{i,j,k+1}(t) - \tilde{E}_x^{i,j,k}(t)}{h_z} - \dfrac{\tilde{E}_z^{i+1,j,k}(t) - \tilde{E}_z^{i,j,k}(t)}{h_x} \\[2mm] \dfrac{\tilde{E}_y^{i+1,j,k}(t) - \tilde{E}_y^{i,j,k}(t)}{h_x} - \dfrac{\tilde{E}_x^{i,j+1,k}(t) - \tilde{E}_x^{i,j,k}(t)}{h_y} \end{bmatrix} = -\mu \frac{\mathrm{d}}{\mathrm{d}t} \begin{bmatrix} \tilde{H}_x^{i,j,k}(t) \\ \tilde{H}_y^{i,j,k}(t) \\ \tilde{H}_z^{i,j,k}(t) \end{bmatrix}, \qquad (4.41)$$

$$\begin{bmatrix} \dfrac{\tilde{H}_z^{i,j,k}(t) - \tilde{H}_z^{i,j-1,k}(t)}{h_y} - \dfrac{\tilde{H}_y^{i,j,k}(t) - \tilde{H}_y^{i,j,k-1}(t)}{h_z} \\[2mm] \dfrac{\tilde{H}_x^{i,j,k}(t) - \tilde{H}_x^{i,j,k-1}(t)}{h_z} - \dfrac{\tilde{H}_z^{i,j,k}(t) - \tilde{H}_z^{i-1,j,k}(t)}{h_x} \\[2mm] \dfrac{\tilde{H}_y^{i,j,k}(t) - \tilde{H}_y^{i-1,j,k}(t)}{h_x} - \dfrac{\tilde{H}_x^{i,j,k}(t) - \tilde{H}_x^{i,j-1,k}(t)}{h_y} \end{bmatrix}$$

$$= \begin{bmatrix} \tilde{J}_x^{i,j,k}(t) \\ \tilde{J}_y^{i,j,k}(t) \\ \tilde{J}_z^{i,j,k}(t) \end{bmatrix} + \varepsilon \frac{\mathrm{d}}{\mathrm{d}t} \begin{bmatrix} \tilde{E}_x^{i,j,k}(t) \\ \tilde{E}_y^{i,j,k}(t) \\ \tilde{E}_z^{i,j,k}(t) \end{bmatrix} \qquad (4.42)$$

表 4.2 空間内部における電界を表す変数のインデックスがとる値

	i	j	k
$\tilde{E}_x^{i,j,k}(t)$	$0, 1, \ldots, N_x - 1$	$1, 2, \ldots, N_y - 1$	$1, 2, \ldots, N_z - 1$
$\tilde{E}_y^{i,j,k}(t)$	$1, 2, \ldots, N_x - 1$	$0, 1, \ldots, N_y - 1$	$1, 2, \ldots, N_z - 1$
$\tilde{E}_z^{i,j,k}(t)$	$1, 2, \ldots, N_x - 1$	$1, 2, \ldots, N_y - 1$	$0, 1, \ldots, N_z - 1$

と近似できる. ここで, μ や ε は空間に依存し得るが, 表記を簡単にする為, それを明示していない.

考えている空間の境界における電界の値は必要に応じて別に定めるとして, 内部における電界と磁界は, (4.41) と (4.42) を使って計算できる. ここで, 内部における電界のインデックスがとる値は, 表 4.2 の通りである.

しかし, このままではこれらを連立させた常微分方程式を解かなければならないので, その次元は非常に大きくなる. この困難を避ける為, FDTD 法では電界を求める時刻と磁界を求める時刻をずらす. また, このことは, 電磁界の性質「電界が変動してその周りに磁界が発生し, 続いてその磁界の周りに電界が発生する, というのを繰り返しながら空間を伝わる」を表現するのに理に適っている. 十分小さな正の数 $h_t (<< 1)$ に対して

$$t_n \overset{\text{def}}{=} nh_t$$

と書き, 電界に対しては時刻 t_n $(n = 1, 2, \ldots)$ での近似値を求め, 磁界に対しては時刻 $t_{n+1/2}$ $(n = 0, 1, \ldots)$ での近似値を求めることを考える. これに伴い, $\tilde{E}_x^{i,j,k}(t_n)$ の近似を $\tilde{E}_{x,n}^{i,j,k}$ と表し, $\tilde{H}_x^{i,j,k}(t_{n+1/2})$ の近似を $\tilde{H}_{x,n}^{i,j,k}$ と表す. また, $\tilde{E}_y^{i,j,k}(t_n), \tilde{E}_z^{i,j,k}(t_n), \tilde{H}_y^{i,j,k}(t_{n+1/2}), \tilde{H}_z^{i,j,k}(t_{n+1/2})$ に対しても同様である.

(4.41) では $t = t_n$ として右辺の常微分に中心差分近似を適用し, 式を整理すると

$$
\begin{bmatrix} \tilde{H}_{x,n}^{i,j,k} \\ \tilde{H}_{y,n}^{i,j,k} \\ \tilde{H}_{z,n}^{i,j,k} \end{bmatrix} = \begin{bmatrix} \tilde{H}_{x,n-1}^{i,j,k} \\ \tilde{H}_{y,n-1}^{i,j,k} \\ \tilde{H}_{z,n-1}^{i,j,k} \end{bmatrix} - \frac{h_t}{\mu} \begin{bmatrix} \dfrac{\tilde{E}_{z,n}^{i,j+1,k} - \tilde{E}_{z,n}^{i,j,k}}{h_y} - \dfrac{\tilde{E}_{y,n}^{i,j,k+1} - \tilde{E}_{y,n}^{i,j,k}}{h_z} \\ \dfrac{\tilde{E}_{x,n}^{i,j,k+1} - \tilde{E}_{x,n}^{i,j,k}}{h_z} - \dfrac{\tilde{E}_{z,n}^{i+1,j,k} - \tilde{E}_{z,n}^{i,j,k}}{h_x} \\ \dfrac{\tilde{E}_{y,n}^{i+1,j,k} - \tilde{E}_{y,n}^{i,j,k}}{h_x} - \dfrac{\tilde{E}_{x,n}^{i,j+1,k} - \tilde{E}_{x,n}^{i,j,k}}{h_y} \end{bmatrix} \tag{4.43}
$$

を得る. (4.42) では $t = t_{n+1/2}$ として右辺の常微分に中心差分近似を適用する. これに伴い, $\tilde{J}_x^{i,j,k}(t_{n+1/2})$ の近似を $\tilde{J}_{x,n}^{i,j,k}$ と表す. 結局, (4.42) から

$$
\begin{bmatrix} \tilde{E}_{x,n+1}^{i,j,k} \\ \tilde{E}_{y,n+1}^{i,j,k} \\ \tilde{E}_{z,n+1}^{i,j,k} \end{bmatrix} = \begin{bmatrix} \tilde{E}_{x,n}^{i,j,k} \\ \tilde{E}_{y,n}^{i,j,k} \\ \tilde{E}_{z,n}^{i,j,k} \end{bmatrix} + \frac{h_t}{\varepsilon} \begin{bmatrix} \dfrac{\tilde{H}_{z,n}^{i,j,k} - \tilde{H}_{z,n}^{i,j-1,k}}{h_y} - \dfrac{\tilde{H}_{y,n}^{i,j,k} - \tilde{H}_{y,n}^{i,j,k-1}}{h_z} - \tilde{J}_{x,n}^{i,j,k} \\ \dfrac{\tilde{H}_{x,n}^{i,j,k} - \tilde{H}_{x,n}^{i,j,k-1}}{h_z} - \dfrac{\tilde{H}_{z,n}^{i,j,k} - \tilde{H}_{z,n}^{i-1,j,k}}{h_x} - \tilde{J}_{y,n}^{i,j,k} \\ \dfrac{\tilde{H}_{y,n}^{i,j,k} - \tilde{H}_{y,n}^{i-1,j,k}}{h_x} - \dfrac{\tilde{H}_{x,n}^{i,j,k} - \tilde{H}_{x,n}^{i,j-1,k}}{h_y} - \tilde{J}_{z,n}^{i,j,k} \end{bmatrix} \tag{4.44}
$$

を得る.

上で得られた (4.43) と (4.44) を数値的に安定に解くには, h_x, h_y, h_z, h_t が

$$h_t \le \frac{1}{c\sqrt{1/h_x^2 + 1/h_y^2 + 1/h_z^2}}$$

を満たさなければならない [4, p. 52]. ただし, c は光の速さ, つまり $c = 3.0 \times 10^8$ [m/s] である.

4.3.2　境界条件

これまで見てきたように FDTD 法は閉じた空間に適用する手法なので, 開いた空間の問題に適用するには特別な工夫をしなければならない. それは, 考察する空間の境界で反射が起こらないようにすることである. この為, まず吸収境界条件について述べる.

話を簡単にする為, E_y がある偏微分可能な関数 $u : \mathbb{R}^3 \mapsto \mathbb{R}$ を用いて,

$$E_y(x, y, z, t) = u(x + vt, y, z)$$

で与えられているとしよう. この時, E_y は x 軸方向負の向きに速さ v で進行し, $\frac{\partial E_y}{\partial x} = \frac{\partial u}{\partial x}$, $\frac{\partial E_y}{\partial t} = \frac{\partial u}{\partial x} v$ より

$$\frac{\partial E_y}{\partial t}(x, y, z, t) = v \frac{\partial E_y}{\partial x}(x, y, z, t) \tag{4.45}$$

を満たす. もし $x = a_x$ の境界で反射が起こらないなら, E_y はそのまま進行し, 境界においても (4.45) を満たすはずである. そこで, これを利用して $x = a_x$ における吸収境界条件を構成する.

境界が $x = a_x$ なので, (4.45) の右辺に $x = x_0 + h_x/2$ における中心差分近似を適用する. 一方, 電界に対しては時刻 t_n $(n = 1, 2, \ldots)$ での近似値を求めるので, 左辺に $t = t_{n-1/2}$ における中心差分近似を適用する. この時,

$$\frac{E_y(x_0 + h_x/2, y_j + h_y/2, z_k, t_n) - E_y(x_0 + h_x/2, y_j + h_y/2, z_k, t_{n-1})}{h_t}$$
$$= v \frac{\tilde{E}_y^{1,j,k}(t_{n-1/2}) - \tilde{E}_y^{0,j,k}(t_{n-1/2})}{h_x}$$

を得るが, 両辺の分子に我々が取り扱われない量が現れる. そこで, これらを前後の平均に置き換える. つまり, $E_y(x_0 + h_x/2, y_j + h_y/2, z_k, t_n)$ は $(\tilde{E}_{y,n}^{0,j,k} + \tilde{E}_{y,n}^{1,j,k})/2$ に, $\tilde{E}_y^{1,j,k}(t_{n-1/2})$ は $(\tilde{E}_{y,n-1}^{1,j,k} + \tilde{E}_{y,n}^{1,j,k})/2$ に置き換え, $E_y(x_0 + h_x/2, y_j + h_y/2, z_k, t_{n-1})$ や $\tilde{E}_y^{0,j,k}(t_{n-1/2})$ についても同様に置き換えると

$$\frac{\tilde{E}_{y,n}^{0,j,k} + \tilde{E}_{y,n}^{1,j,k} - \tilde{E}_{y,n-1}^{0,j,k} - \tilde{E}_{y,n-1}^{1,j,k}}{2h_t} = v \frac{\tilde{E}_{y,n-1}^{1,j,k} + \tilde{E}_{y,n}^{1,j,k} - \tilde{E}_{y,n-1}^{0,j,k} - \tilde{E}_{y,n}^{0,j,k}}{2h_x}$$

を得る. よって,

$$\tilde{E}_{y,n}^{0,j,k} = \tilde{E}_{y,n-1}^{1,j,k} + \frac{vh_t - h_x}{vh_t + h_x}\left(\tilde{E}_{y,n}^{1,j,k} - \tilde{E}_{y,n-1}^{0,j,k}\right) \tag{4.46}$$

となる.

似たような議論により, $x = b_x$ における境界条件は

$$\tilde{E}_{y,n}^{N_x,j,k} = \tilde{E}_{y,n-1}^{N_x-1,j,k} + \frac{vh_t - h_x}{vh_t + h_x}\left(\tilde{E}_{y,n}^{N_x-1,j,k} - \tilde{E}_{y,n-1}^{N_x,j,k}\right) \tag{4.47}$$

となる. また, $\tilde{E}_{z,n}^{0,j,k}$ と $\tilde{E}_{z,n}^{N_x,j,k}$ に対しても同様に境界条件が与えられる. これらの境界条件を Mur の 1 次吸収境界条件と呼ぶ. これまで述べてきたことがらからわかるように, Mur の 1 次吸収境界条件は, 電界が境界に垂直に入射する場合に有効である. 斜めに入射する場合には Mur

の 2 次吸収境界条件 [4, pp. 63-64] が提案されているが，ここでは詳細を省略する．

最後に，導体に関する境界条件を述べる．導体全体が等電位になるので，導体表面は等電位面である．したがって，導体表面の電界の接線成分を常に 0 に設定しなければならない．

4.3.3 FDTD 法のプログラミング

第 4.3.1 節で見たように FDTD 法では，時間差 $h_t/2$ の電界と磁界が交互に計算される．また，前節に述べたように開いた空間の場合は，境界上の電界は吸収境界条件によって決まり，この計算も他の電界計算と一緒にまとめておくのが良い．以上のことがらを踏まえると，例えば，FDTD 法の主スクリプトファイル fdtd_main.m は次のように書ける．ただし，本副節では電流が流れない場合 ($\boldsymbol{J} = \boldsymbol{0}$) を取り扱う．

fdtd_main.m

```
common_initialization; % 一般的な設定と初期化
t=0;        % これは setting_for_others.m の中に書いても良い
nMax=1000; % これは setting_for_others.m の中に書いても良い
setting_for_others; % 問題に依存したその他の設定
for nn=1:nMax
    Update_Ex_for_free_boundary; % Ex の更新
    Update_Ey_for_free_boundary; % Ey の更新
    Update_Ez_for_free_boundary; % Ez の更新
    Additional_update_E_field; % 電界の追加の更新
    t=t+ht/2;
    Update_H_field; % 磁界の更新
    t=t+ht/2;
end
```

ここで，common_initialization.m は個別の問題に依存しない一般的な設定や初期化を行う副スクリプトファイルであり，setting_for_others.m は問題に依存したその他の設定を行う副スクリプトファイルである．後者のファイルにおいて nMax などを設定する．for ループ内の最初の 3 つの副スクリプトファイルは周辺磁界の変化に応じてそれぞれの電界 (E_x, E_y, E_z) を更新する．これらは境界の電界も更新する．続いて Additional_update_E_field.m は，周辺磁界とは別の要因による電界の変化分を計算する．時間を半ステップ進めた後，Update_H_field.m は周辺電界の変化に応じて磁界を更新する．参考までに common_initialization.m, Update_Ey_for_free_boundary.m, Update_H_field.m を付録に示す．

周辺磁界による電界の変化分だけでなく，入力電界による変化分も加える場合は，Additional_update_E_field.m にて

電界 E ← 電界 E + (前の時刻から今の時刻までの) 入力電界の変化分

とする (「←」は矢印の右側の値を左側の変数に代入するという意味)．この理由は「今の時刻を t_n とすると，Additional_update_E_field.m の前までで右辺の電界 E には過去の変化が蓄積

されているので, それと時刻 t_{n-1} から t_n までの入力電界の変化分を加える為」である. また, もし仮に周辺磁界の影響を無視するなら

$$\text{電界 } E \leftarrow \text{今の時刻の入力電界}$$

とすれば良く, もちろんこの右辺は

$$(\text{時刻 } t_0 \text{ の入力電界}) + (\text{時刻 } t_0 \text{ から } t_1 \text{ までの入力電界の変化分})$$
$$+ (\text{時刻 } t_2 \text{ から } t_1 \text{ までの入力電界の変化分})$$
$$+ \cdots + (\text{時刻 } t_{n-1} \text{ から } t_n \text{ までの入力電界の変化分})$$

に等しいことにも注意せよ.

Update_Ey_for_free_boundary.m などの副スクリプトファイルは, MATLAB の特性を生かし, for ループを使わずに空間内部の電界を高速に計算する. その一方で, 我々は必ずしも全境界に吸収境界条件を課した問題を解くわけでない. 吸収境界条件を課したくない場合は, これらのスクリプトファイルはそのままにしておいて, Additional_update_E_field.m で境界条件を上書きすれば良い. Update_H_field.m の実行前ならばこのように変更しても何ら問題がない.

4.4　演習問題

[基本]

- Mur の 1 次境界条件

(1)　$x = a_x$ における E_y に関する吸収境界条件式として (4.46) を得た. まず, 同様にして $y = a_y$ における E_x に関する吸収境界条件式を導出しなさい. 次に, これらの結果を踏まえて $x = a_x$ と $y = a_y$ それぞれにおける E_z に関する吸収境界条件式を示しなさい. また, $z = a_z$ における E_x と E_y に関する吸収境界条件式も示しなさい.

(2)　境界条件 (4.47) と上の結果を踏まえて, $x = b_x$ における E_z に関する吸収境界条件式, $y = b_y$ における E_x と E_z に関する吸収境界条件式, $z = b_z$ における E_x と E_y に関する吸収境界条件式を示しなさい.

[標準]

- 自由空間における電界の伝播

障害物のない均質な空間を考え, 図 4.15 に示すように y 軸に垂直な平面上に一様な電界を与える. この時の電磁界を数値シミュレーションによって調べる. 考える空間を $a_x = a_y = a_z = 0$ [mm], $b_x = b_y = b_z = 100$ [mm] で定め, この空間を離散化するのに $N_x = N_y = N_z = 32$ とおく. 電磁波の速さは光の速さ c とし, 誘電率と透磁率はそれぞれ真空の誘電率 ε_0 と透磁率 μ_0 とする. 今, $y = 50$ [mm] ($a_x \leq x \leq b_x$, $a_z \leq z \leq b_z$) の平面全体で一様な電界 E_z [V/m] を与える.

(1)　電界 $E_z(t)$ [V/m] を次式で与える:

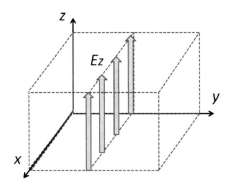

図 4.15　空間に与える電界

$$E_z(t) \overset{\text{def}}{=} E_{max} \exp\left(-(4(t-\tau)/\tau)^2\right) \qquad (0 \le t \le 3\tau).$$

ただし, $E_{max} \overset{\text{def}}{=} 1$ [V/m], $\tau \overset{\text{def}}{=} 1/(2.5 \times 10^9)$ [s] とする. この時, $E_z(t)$ を図示しなさい.

(2) FDTD 法のプログラムを作成し, 平面上に与えられる電界と実際の電界 E_z (与えられる電界 + 周りの磁界変化によって生じる電界) を時刻 3τ 辺りまで比較しなさい. ただし, 平面上で E_z は一様であるので, 例えば, x 座標に関しては $x = 50$, z 座標に関しては $z = 50$ のすぐ近くの点の座標を取れば良い. また, 観測する点の y 座標を $y = 50 + l(b_y - a_y)/N_y$ $(l = 5, 10, 15)$ と変えて, 各観測点における E_z も調べなさい.

[発展]

• 1/4 波長モノポール・アンテナ

図 4.16 に示す 1/4 波長モノポール・アンテナ [6] 周りの電磁界を数値シミュレーションによって調べる. 考える空間を $a_x = a_y = a_z = 0$ [mm], $b_x = b_y = b_z = 100$ [mm] で定め, この空間を離散化するのに $N_x = N_y = N_z = 32$ とおく. 電磁波の速さは光の速さ c とし, 誘電率と透磁率はそれぞれ真空の誘電率 ε_0 と透磁率 μ_0 とする. 今, 1 辺の長さが 60 [mm] の正方形の導体板を左上の角が $x = y = 20$ [mm] の位置になるように置く. そして, 長さを 30 [mm] の線状導体を $x = y = 50$ [mm] の位置で, 導体板から h_z, つまり, $(b_z - a_z)/N_z$ [mm] 離れた高さに設置する.

(1) 給電部では次式で与えられる電圧 $V(t)$ [V] を印加する:

$$V(t) \overset{\text{def}}{=} V_{max} \exp\left(-(4(t-\tau)/\tau)^2\right) \qquad (0 \le t \le 3\tau).$$

ただし, $V_{max} \overset{\text{def}}{=} 100 \times 10^{-3}/32$ [V], $\tau \overset{\text{def}}{=} 1/(2.5 \times 10^9)$ [s] とする. この時, $V(t)$ を図示しなさい.

(2) 線状導体では E_z が 0 であり, 導体板では E_x と E_y が 0 である. このことと吸収境界条件に注意して FDTD 法のプログラムを作成し, 給電部における印加電圧と実際の電圧 (印加電圧 + 周りの磁界変化によって生じる電圧) を時刻 3τ 辺りまで比較しなさい.

(3) 印加電圧を次式で与えられる電圧に変更し, 時刻 $t = \tau/10, \tau/5, \tau/2, \tau$ における空間内

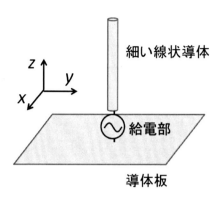

細い線状導体

給電部

導体板

図 4.16　1/4 波長モノポール・アンテナ

の電界の様子を quiver3 関数を用いて描画しなさい.

$$V(t) \stackrel{\text{def}}{=} 10V_{max}\sin(2\pi ft) \qquad (0 \leq t \leq 3\tau).$$

ただし, $f \stackrel{\text{def}}{=} 2.5 \times 10^9$ [Hz] とする.

※空間内の全ての点で電界ベクトルを描画すると矢印の数が多過ぎる場合は,

　plot_vecE_simple.m スクリプト (付録参照) が役立つ.

(4)　印加電圧を次式で与えられる電圧に変更し, 給電部を含み y 軸に垂直な平面 (x-z 平面) における E_x をアニメーションしなさい.

$$V(t) \stackrel{\text{def}}{=} V_{max}\sin(2\pi ft) \qquad (0 \leq t \leq 3\tau).$$

付録 A

略解と出力例

章末の演習問題に対する略解や出力例を示す.
これらは, 各自でスクリプトファイルを書く際に
助けになるだろう. また, 作成したスクリプト
ファイルが正しく動作しているか否かの確認に役
立つだろう.

A.1 第 1 章の略解, 出力例

[基本] (3) の出力例

[基本] (4) や **[標準]** (1) の出力例を参照せよ.

[基本] (4) の出力例

例えば, コマンドラインに

```
》   A = [5 6; 8 9];
》   b = [4; 7];
》   c = [2; 3];
》   s = 1;
```

と入力し, 演習問題にて要求された条件を満たす MATLAB スクリプトファイルを実行すると,
次のように表示される.

```
D  =
    1  2  3
    4  5  6
    7  8  9
```

[標準] (1) の出力例

演習問題にて要求された条件を満たす MATLAB スクリプトファイルに対して, **[基本]** (4) の
出力例で紹介した入力を与えると, その出力例と同じ出力が得られる. また, 別の入力例

```
》   A = [6 7 8; 10 11 12; 14 15 16];
》   b = [5; 9; 13];
》   c = [2; 3; 4];
》   s = 1;
```

を与えると, 次のような出力が得られる.

```
D  =
     1   2   3   4
     5   6   7   8
     9  10  11  12
    13  14  15  16
```

[標準] (2) ii) の出力例

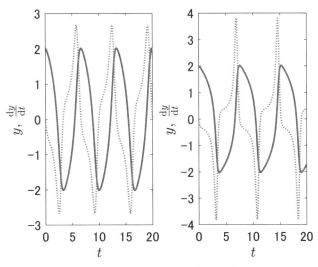

図 A.1 微分方程式の解 $y(t)$ と $\frac{dy}{dt}(t)$ (点線で表示)

[発展] (2) の略解

オイラー法による計算を行う為に

```
function zout = euler(func,tArray,z0,para)
    dim = length(z0);
    tNum = length(tArray);
    zArray = zeros(dim,tNum);
    zArray(:,1) = z0;
    for i=1:tNum-1
        k1 = feval(func,tArray(i),zArray(:,i),para);
        tStep = tArray(i+1)-tArray(i);
        zArray(:,i+1) = zArray(:,i) + tStep*k1;
    end
    zout = zArray';
```

と書いた euler.m という名前の関数 M ファイルを作る. **[標準]** (2) の微分方程式を記述した関数 M ファイルの名前が zdot_para.m である時, コマンドラインに

```
》    tStart = 0; tEnd = 20;
》    h = 1/16;
》    tVec = tStart:h:tEnd;
》    z0 = [2;0];
》    mu = 1; para = [mu];
》    z = euler(@zdot_para,tVec,z0,para);
```

と入力すると，変数 z に微分方程式の近似解が保存される．

[発展] (4) の出力例

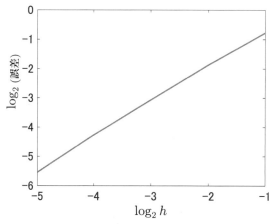

図 A.2 刻み幅 h に対するオイラー法の誤差の変化

[発展] (5) の出力例

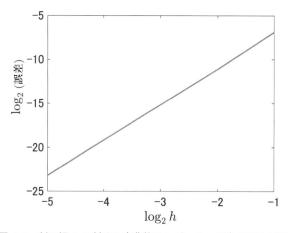

図 A.3 刻み幅 h に対する古典的ルンゲ・クッタ法の誤差の変化

A.2　第 2 章の略解, ヒント, 出力例

[基本] [1] (1) のヒントと解答

　床面と平行に x 座標をとり, その上に重りとばねを描くと次のような図を得る. 図において i は, x 軸に平行で正の向きの単位ベクトルを表す. この図を参考にして, 運動方程式を導ける.

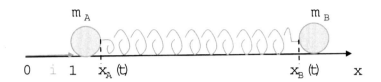

図 A.4　床上の重りとばね

　例えば, 重り A に関しては次のように考えると良い. 時刻 t におけるばねの長さは $x_B(t) - x_A(t)$ だから, もし $x_B(t) - x_A(t) - l > 0$ ならばばねは伸びていて, 図において重り A は右向きに引っ張られる. その時, 重り A にかかる力は

$$k(x_B(t) - x_A(t) - l)i$$

で表せ, 重り A の位置ベクトルは $x_A(t)i$ で表せる. 重り B に関しても同様に考えてみなさい.

解答

$$\frac{\mathrm{d}^2 x_A}{\mathrm{d}t^2}(t) = \frac{k}{m_A}(x_B(t) - x_A(t) - l),$$
$$\frac{\mathrm{d}^2 x_B}{\mathrm{d}t^2}(t) = -\frac{k}{m_B}(x_B(t) - x_A(t) - l).$$

[基本] [1] (3) の出力例

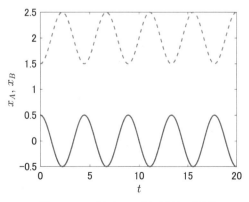

図 A.5　$x_A(t)$ と $x_B(t)$ (点線で表示)

[基本] [2] (2) の略解

運動方程式を成分毎に整理して

$$\frac{\mathrm{d}^2 r}{\mathrm{d}t^2}(t) = r(t)\left(\frac{\mathrm{d}\theta}{\mathrm{d}t}(t)\right)^2 - \frac{GM}{(r(t))^2}, \qquad \frac{\mathrm{d}^2\theta}{\mathrm{d}t^2}(t) = -\frac{2}{r(t)}\frac{\mathrm{d}r}{\mathrm{d}t}(t)\frac{\mathrm{d}\theta}{\mathrm{d}t}(t).$$

[標準] [1] (1) のヒント

islocalmax 関数の実行例

islocalmax([1 3 2 5 4]) を実行すると, [0 1 0 1 0] が返される. これは, [1 3 2 5 4] において 3 と 5 だけが両隣の値より大きいので, それらに対応する成分だけが 1 となり, それ以外は 0 となる為である.

find 関数の実行例

find([0 1 0 1 0]) を実行すると, [2 4] が返される. これは, 1 が現れる箇所が 2 番目と 4 番目だからである.

時間の刻み幅を 1/32 に設定して ode45 を実行する例

MATLAB にて

```
tVec=0:1/32:20;
[t,z]=ode45(@zdot_func,tVec,z0);
```

というように変数 tVec にベクトル値を設定し, それを ode45 の第二引数に与える. 詳細は, 第 1.6.3 節を参照しなさい.

[標準] [2] (1) の出力例

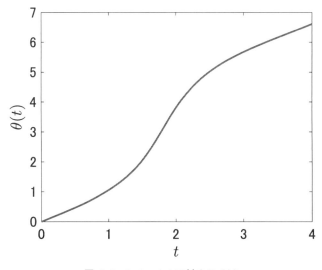

図 A.6　$0 \le t \le 4$ に対する $\theta(t)$

[標準] [2] (3) の出力例

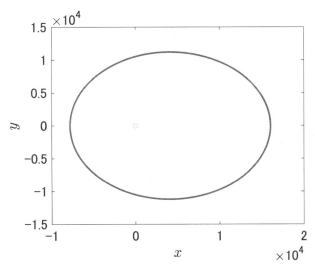

図 A.7 人工衛星の軌道 (小さな丸は地球の位置を表す)

[発展] [2] (1) のヒントと解答

斜面と平行に x 座標をとり, その上にタイヤを描くと次のような図を得る. 図において i は, x 軸に平行で正の向きの単位ベクトルを表す. この図を参考にして, 運動方程式を導ける.

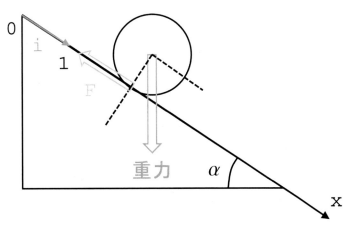

図 A.8 斜面上のタイヤに働く力

例えば, 図において, 重力によりタイヤが斜面と平行にうける力は $mg\sin(\alpha)i$ で表せ, 摩擦により斜面からうける力は $-Fi$ で表せる. 同様に図を参考にして, タイヤの位置ベクトルについても考えてみなさい.

解答

$$m\frac{\mathrm{d}^2 x}{\mathrm{d}t^2}(t) = mg\sin(\alpha) - F$$

[発展] [2] (2) のヒントと解答

斜面を転がるタイヤを描くと次のような図を得る. 図において j は, 紙面と垂直で, 手前から奥への向きの単位ベクトルを表す. この図を参考にして, 回転の運動方程式を導ける.

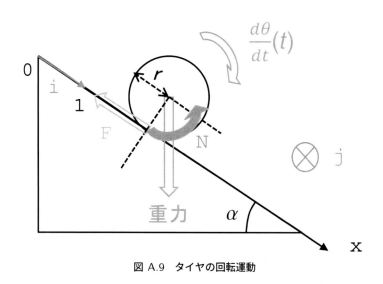

図 A.9　タイヤの回転運動

例えば, 図において, ブレーキによる力のモーメント N は $-Nj$ で表せ, 摩擦による力のモーメントは rFj で表せるので, タイヤに働く力のモーメントは, $rFj - Nj$ となる. 同様に図を参考にして, タイヤの角速度ベクトルについても考えてみなさい.

解答

$$\frac{1}{2}mr^2\frac{\mathrm{d}^2\theta}{\mathrm{d}t^2}(t) = rF - N$$

[発展] [2] (3)

解答

$$\frac{\mathrm{d}^2 x}{\mathrm{d}t^2}(t) = \frac{2}{3}g\sin(\alpha) - \frac{2N}{3mr}$$

A.3 第 3 章の略解, 出力例

[基本] (1) の略解

微分方程式 (3.10) を表現する為に

```
function yout = ydot_para_heat(t,y,h2)
    yleng=length(y);
    yout=zeros(yleng,1);
    yout(1)=(-2*y(1)+y(2))/h2;
    for ii=2:yleng-1
        yout(ii)=(y(ii-1)-2*y(ii)+y(ii+1))/h2;
    end
    yout(yleng)=(y(yleng-1)-2*y(yleng))/h2;
```

と書いた ydot_para_heat.m という名前の関数 M ファイルを作り, コマンドラインに

```
》  N=32;
》  tEnd=1;
》  h=1/N;
》  h2=h*h;
》  x=h:h:h*(N-1);
》  y0 = sin(pi*x);
》  [t, y] = ode45(@ydot_para_heat,[0,tEnd],y0,'',h2);
》  tleng=length(t);
》  approxSol=[0 y(tleng,:) 0];
```

と入力すると, $t = 1$ における熱伝導方程式の近似解が変数 approxSol に保存される. 一方, 真の解を表示するには, コマンドラインに

```
》  exactSol=[0 exp(-pi*pi*tEnd)*sin(pi*x) 0];
》  fullX=[0 x h*N];
》  plot(fullX,exactSol);
```

と入力する. この時, 図 A.10 のように $u(x,1)$ が表示される.

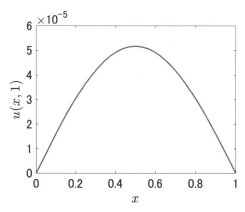

図 A.10　$t = 1$ における真の解 $u(x, 1)$

[基本] (2)

解答

$$y_{i,n+1} = y_{i,n} + r(y_{i+1,n} - 2y_{i,n} + y_{i-1,n}) \qquad (i = 1, 2, \ldots, N - 1).$$

ただし,

$$y_{0,n} = y_{N,n} = 0 \quad (n = 1, 2, \ldots), \qquad y_{i,0} = \sin(\pi x_i) \qquad (i = 0, 1, \ldots, N).$$

A.4　第 4 章の略解, 出力例

[発展] (2) のプログラム例 (一部のみ)

主スクリプトファイル (fdtd_for_mono_antenna.m) は次のように書ける.

```
common_initialization;
setting_for_mono_antenna;
for nn=1:nMax
    Update_Ex_for_free_boundary; % Ex の更新
    Update_Ey_for_free_boundary; % Ey の更新
    Update_Ez_for_free_boundary; % Ez の更新
    Additional_update_E_field_for_mono_antenna; % 電界の更新
    t=t+ht/2;
    Update_H_field; % 磁界の更新
    t=t+ht/2;
end
```

一般的な設定などを行う副スクリプトファイル (setting_for_mono_antenna.m) は次のように書ける.

```
% 1) 入力源に関する設定
poleLength=30e-3;
gap=1*(bz-az)/Nz;
f=2.5e9;
tau=1/f;
Vmax=gap;
sqAlpha=4/tau;
% gap と gap+poleLength に入る点の数
numPointGap=length(hz/2:hz:gap);
numPointPole=length(hz/2:hz:gap+poleLength);
%
mx=Nx/2+1; % x 方向の中点の番地
my=Ny/2+1; % y 方向の中点の番地
%
% 2) 導体板の番地に関する設定
iExGround=(length(ax+hx/2:hx:20e-3)+1):length(ax+hx/2:hx:80e-3);
jExGround=(length(ay:hy:20e-3)+1):length(ay:hy:80e-3);
iEyGround=(length(ax:hx:20e-3)+1):length(ax:hx:80e-3);
jEyGround=(length(ay+hy/2:hy:20e-3)+1):length(ay+hy/2:hy:80e-3);
% 3) その他の設定や準備
% 初期時刻と終端時刻に関する設定
t=0;
nMax=3*ceil(tau/ht); % 3*tau/ht 以上の最小の整数
%
% 途中計算をチェックする為の変数
resInputVn=zeros(nMax,1); resTotalVn=zeros(nMax,1);
oldVn=0;
```

追加の更新を行う副スクリプトファイル (Additional_update_E_field_for_mono_antenna.m) は次のように書ける.

```
% pole 部の電界
for kk=numPointGap+1:numPointPole
    tilEz(mx,my,kk)=0;
end
% 給電による電圧
if t<=3*tau
    Vn=Vmax*exp(-(sqAlpha*(t-tau))^2);
else
    Vn=0;
end
diffVn=Vn-oldVn;
% 給電部における電界
tilEz(mx,my,1:numPointGap)=tilEz(mx,my,1:numPointGap)+diffVn/gap;
% 境界条件の変更
% 1) 境界上の Ex の上書き (z=az の境界)
tilEx(iExGround,jExGround,1)=0;
% 2) 境界上の Ey の上書き (z=az の境界)
tilEy(iEyGround,jEyGround,1)=0;
%%%%%%%%%%%%%%%%%%%%%%%%%%%%%%%%%%%%%%%%%%%%%%%%%%%%%%%%%%%%%%%%
% 給電部の電圧と給電のみに寄与した電圧の保存 (後で, 比較の為に利用される)
resTotalVn(nn)=tilEz(mx,my,1)*gap;
resInputVn(nn)=oldVn+diffVn;
% oldVn の更新
oldVn=Vn;
```

これらに加えて, **[標準]** (2) において Update_Ex_for_free_boundary.m と Update_Ez_for_free_boundary.m を正しく作成していれば, コマンドラインに

```
fdtd_for_mono_antenna
figure(1);
plot(ht*(0:nMax-1)',resInputVn);
figure(2);
plot(ht*(0:nMax-1)',resTotalVn);
```

を入力すると **[発展]** (2) で要求された電圧の波形が得られる.

[発展] (3) の出力例

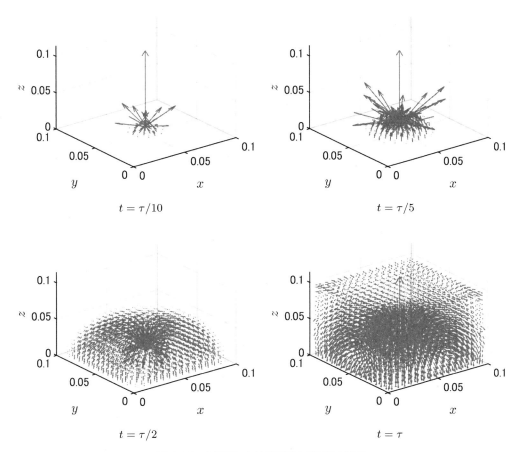

$t = \tau/10$ $t = \tau/5$

$t = \tau/2$ $t = \tau$

図 A.11 各時刻における空間内の電界の様子

[発展] (4) のプログラム例

副スクリプトファイル (setting_for_mono_antenna.m) に次のコマンド列を書き加える.

```
% Ex に関する計算結果を保存する変数の準備
res_int=2; % res_int ステップ毎に結果を保存
resEx=zeros(floor(nMax/res_int),Nx,Nz1); % 結果を保存する変数
res_cnt=0; % 記録数を数える為の変数の初期化
```

副スクリプトファイル (Additional_update_E_field_for_mono_antenna.m) に次のコマンド列を書き加える.

```
% xz 平面（y=my）における Ex の値の保存
if (0==mod(nn,res_int))
    res_cnt=res_cnt+1;
    resEx(res_cnt,:,:)=reshape(tilEx(:,my,:),Nx,Nz1);
end
```

アニメーションを行うスクリプトファイル (animation_for_mono_antenna.m) は次のように書ける.

```
xpoints=ax+hx/2+hx*(0:Nx-1);
zpoints=az+hz*(0:Nz);
base=surf(zpoints,xpoints,reshape(resEx(1,:,:),Nx,Nz1));
axis([az bz ax bx -0.025 0.025]);
xlabel('z');
ylabel('x');
zlabel('Ex');
set(gca,'SortMethod','childorder');
for ll=2:res_cnt
    set(base,'zdata',reshape(resEx(ll,:,:),Nx,Nz1));
    drawnow;
end
```

第4章のMATLAB スクリプトファイル

FDTD法のプログラミングの説明において，複数の副スクリプトファイルに言及した．その中のいくつかを具体的に与える．

common_initialization.m

```
% 1) 物理パラメータの設定
c=3e8;
ep0=8.854e-12; mu0=4*pi*1e-7;
% 2) 空間と時間の離散化に関する設定
ax=0; bx=100e-3; ay=0; by=100e-3; az=0; bz=100e-3;
Nx=32; Ny=32; Nz=32;
hx=(bx-ax)/Nx; hy=(by-ay)/Ny; hz=(bz-az)/Nz;
htMax=1/(c*sqrt(1/hx^2+1/hy^2+1/hz^2));
ht=1/2;
while ht>htMax
    ht=ht/2;
end
% 3) FDTD 法に現れる係数の設定
coeXmu=ht/(hx*mu0); coeYmu=ht/(hy*mu0); coeZmu=ht/(hz*mu0);
coeXep=ht/(hx*ep0); coeYep=ht/(hy*ep0); coeZep=ht/(hz*ep0);
coeCTX=(c*ht-hx)/(c*ht+hx);
coeCTY=(c*ht-hy)/(c*ht+hy);
coeCTZ=(c*ht-hz)/(c*ht+hz);
% 4) FDTD 法で用いられる変数の初期化
Nx1=Nx+1; Ny1=Ny+1; Nz1=Nz+1;
tilEx=zeros(Nx,Ny1,Nz1); tilEy=zeros(Nx1,Ny,Nz1); tilEz=zeros(Nx1,Ny1,Nz);
tilHx=zeros(Nx1,Ny,Nz); tilHy=zeros(Nx,Ny1,Nz); tilHz=zeros(Nx,Ny,Nz1);
tmp1Hx=tilHx; tmp2Hx=tilHx;
tmp1Hy=tilHy; tmp2Hy=tilHy;
tmp1Hz=tilHz; tmp2Hz=tilHz;
tmp1ExIn=zeros(Nx,Ny-1,Nz-1);
tmp1EyIn=zeros(Nx-1,Ny,Nz-1);
tmp1EzIn=zeros(Nx-1,Ny-1,Nz);
tmp2ExIn=tmp1ExIn; tmp2EyIn=tmp1EyIn; tmp2EzIn=tmp1EzIn;
% 5) FDTD 法で用いられるインデックスの設定 (表 4.1 と表 4.2 を参照)
iHx=1:Nx1; jHx=1:Ny; kHx=1:Nz;
iHy=1:Nx; jHy=1:Ny1; kHy=1:Nz;
iHz=1:Nx; jHz=1:Ny; kHz=1:Nz1;
```

(common_initialization.m の続き)

```
iEx=1:Nx;  jEx=1:Ny1;  kEx=1:Nz1;
iEy=1:Nx1;  jEy=1:Ny;  kEy=1:Nz1;
iEz=1:Nx1;  jEz=1:Ny1;  kEz=1:Nz;
jExIn=2:Ny;  kExIn=2:Nz;  iEyIn=2:Nx;  kEyIn=2:Nz;  iEzIn=2:Nx;  jEzIn=2:Ny;
% 6) Mur の 1 次吸収境界条件で使われ得る変数 (一時的な保存の為の領域) の初期化
oldEx1ay=zeros(Nx,1,Nz1);  oldExNyM1by=zeros(Nx,1,Nz1);
oldEx1az=zeros(Nx,Ny1,1);  oldExNzM1bz=zeros(Nx,Ny1,1);
oldEy1ax=zeros(1,Ny,Nz1);  oldEyNxM1bx=zeros(1,Ny,Nz1);
oldEy1az=zeros(Nx1,Ny,1);  oldEyNzM1bz=zeros(Nx1,Ny,1);
oldEz1ax=zeros(1,Ny1,Nz);  oldEzNxM1bx=zeros(1,Ny1,Nz);
oldEz1ay=zeros(Nx1,1,Nz);  oldEzNyM1by=zeros(Nx1,1,Nz);
% 7) FDTD 法に現れる係数を空間内の位置毎に設定
coeYmuHx=coeYmu*ones(Nx1,Ny,Nz);  coeZmuHx=coeZmu*ones(Nx1,Ny,Nz);
coeZmuHy=coeZmu*ones(Nx,Ny1,Nz);  coeXmuHy=coeXmu*ones(Nx,Ny1,Nz);
coeXmuHz=coeXmu*ones(Nx,Ny,Nz1);  coeYmuHz=coeYmu*ones(Nx,Ny,Nz1);
coeYepEx=coeYep*ones(Nx,Ny-1,Nz-1);  coeZepEx=coeZep*ones(Nx,Ny-1,Nz-1);
coeZepEy=coeZep*ones(Nx-1,Ny,Nz-1);  coeXepEy=coeXep*ones(Nx-1,Ny,Nz-1);
coeXepEz=coeXep*ones(Nx-1,Ny-1,Nz);  coeYepEz=coeYep*ones(Nx-1,Ny-1,Nz);
```

Update_Ey_for_free_boundary.m

```
% Ey の一部を保存
oldEy1ax(1,jEy,kEy)=tilEy(2,jEy,kEy);
oldEyNxM1bx(1,jEy,kEy)=tilEy(Nx,jEy,kEy);
oldEy1az(iEy,jEy,1)=tilEy(iEy,jEy,2);
oldEyNzM1bz(iEy,jEy,1)=tilEy(iEy,jEy,Nz);
% 空間内の Ey の計算
tmp1EyIn=coeZepEy.*(tilHx(iEyIn,jEy,kEyIn)-tilHx(iEyIn,jEy,kEyIn-1));
tmp2EyIn=coeXepEy.*(tilHz(iEyIn,jEy,kEyIn)-tilHz(iEyIn-1,jEy,kEyIn));
tilEy(iEyIn,jEy,kEyIn)=tilEy(iEyIn,jEy,kEyIn)+(tmp1EyIn-tmp2EyIn);
% 境界上の Ey の計算
% x=ax の境界
tilEy(1,jEy,kEy)=... % 継続行
   oldEy1ax(1,jEy,kEy)+coeCTX*(tilEy(2,jEy,kEy)-tilEy(1,jEy,kEy));
```

(次ページに続く)

105

(Update＿Ey＿for＿free＿boundary.m の続き)

```
% x=bx の境界
tilEy(Nx1,jEy,kEy)=... % 継続行
    oldEyNxM1bx(1,jEy,kEy)+coeCTX*(tilEy(Nx,jEy,kEy)-tilEy(Nx1,jEy,kEy));
% z=az の境界
tilEy(iEy,jEy,1)=... % 継続行
    oldEy1az(iEy,jEy,1)+coeCTZ*(tilEy(iEy,jEy,2)-tilEy(iEy,jEy,1));
% z=bz の境界
tilEy(iEy,jEy,Nz1)=... % 継続行
    oldEyNzM1bz(iEy,jEy,1)+coeCTZ*(tilEy(iEy,jEy,Nz)-tilEy(iEy,jEy,Nz1));
```

Update＿H＿field.m

```
% Hx の計算
tmp1Hx=coeYmuHx.*(tilEz(iHx,jHx+1,kHx)-tilEz(iHx,jHx,kHx));
tmp2Hx=coeZmuHx.*(tilEy(iHx,jHx,kHx+1)-tilEy(iHx,jHx,kHx));
tilHx(iHx,jHx,kHx)=tilHx(iHx,jHx,kHx)-(tmp1Hx-tmp2Hx);
% Hy の計算
tmp1Hy=coeZmuHy.*(tilEx(iHy,jHy,kHy+1)-tilEx(iHy,jHy,kHy));
tmp2Hy=coeXmuHy.*(tilEz(iHy+1,jHy,kHy)-tilEz(iHy,jHy,kHy));
tilHy(iHy,jHy,kHy)=tilHy(iHy,jHy,kHy)-(tmp1Hy-tmp2Hy);
% Hz の計算
tmp1Hz=coeXmuHz.*(tilEy(iHz+1,jHz,kHz)-tilEy(iHz,jHz,kHz));
tmp2Hz=coeYmuHz.*(tilEx(iHz,jHz+1,kHz)-tilEx(iHz,jHz,kHz));
tilHz(iHz,jHz,kHz)=tilHz(iHz,jHz,kHz)-(tmp1Hz-tmp2Hz);
```

plot＿vecE＿simple.m

```
% 1) 変数の初期化
nskip=2;
Nxp=Nx/nskip+1;
Nyp=Ny/nskip+1;
Nzp=Nz/nskip+1;
xpoints=zeros(Nxp,Nyp,Nzp);
```

(次ページに続く)

(plot_vecE_simple.m の続き)

```
ypoints=zeros(Nxp,Nyp,Nzp);
zpoints=zeros(Nxp,Nyp,Nzp);
% 2) ベクトルを表示する点のインデックスの設定
iExSkip=[1 nskip:nskip:Nx-2 Nx-1];
jExSkip=[2 (nskip+1):nskip:Ny-1 Ny];
kExSkip=[2 (nskip+1):nskip:Nz-1 Nz];
iEySkip=[2 (nskip+1):nskip:Nx-1 Nx];
jEySkip=[1 nskip:nskip:Ny-2 Ny-1];
kEySkip=[2 (nskip+1):nskip:Nz-1 Nz];
iEzSkip=[2 (nskip+1):nskip:Nx-1 Nx];
jEzSkip=[2 (nskip+1):nskip:Ny-1 Ny];
kEzSkip=[1 nskip:nskip:Nz-2 Nz-1];
% 3) ベクトルを表示する点の座標を設定
for jj=1:Nyp
    for kk=1:Nzp
        xpoints(:,jj,kk)=ax+hx*iExSkip;
    end
end
for ii=1:Nxp
    for kk=1:Nzp
        ypoints(ii,:,kk)=ay+hy*jEySkip;
    end
end
for ii=1:Nxp
    for jj=1:Nyp
        zpoints(ii,jj,:)=az+hz*kEzSkip;
    end
end
% 4) 表示するベクトルの各成分の設定
tmp1=tilEx(iExSkip,jExSkip,kExSkip);
tmp2=tilEx(iExSkip+1,jExSkip,kExSkip);
ExElements=(tmp1+tmp2)/2;
tmp1=tilEy(iEySkip,jEySkip,kEySkip);
tmp2=tilEy(iEySkip,jEySkip+1,kEySkip);
EyElements=(tmp1+tmp2)/2;
```

(次ページに続く)

(plot__vecE__simple.m の続き)

```
tmp1=tilEz(iEzSkip,jEzSkip,kEzSkip);
tmp2=tilEz(iEzSkip,jEzSkip,kEzSkip+1);
EzElements=(tmp1+tmp2)/2;
% 5) 電界ベクトルの描画
scale=0;
quiver3(xpoints,ypoints,zpoints,ExElements,EyElements,EzElements,scale);
axis([ax bx ay by az bz]);
xlabel('x','FontSize',12);
ylabel('y','FontSize',12);
zlabel('z','FontSize',12);
```

参考文献

[1] 伊理正夫, 伊理由美, 偏微分方程式, 朝倉書店, 1996.

[2] 潮秀樹, よくわかる電磁気学の基本と仕組み, 秀和システム, 2006.

[3] 潮秀樹, よくわかる力学の基本と仕組み, 秀和システム, 2006.

[4] 宇野亨, FDTD 法による電磁界およびアンテナ解析, コロナ社, 1998.

[5] 大石進一, Linux 数値計算ツール, コロナ社, 2000.

[6] 小暮裕明, 電磁界シミュレータで学ぶワイヤレスの世界, CQ 出版社, 2003 (第 2 版).

[7] 梶島岳夫, 乱流の数値シミュレーション, 養賢堂, 2014 (第 1 版 第 1 刷).

[8] 小林一行, MATLAB ハンドブック, 秀和システム, 1998.

[9] 竹内淳, 高校数学でわかるマクスウェル方程式, 講談社, 2007 (第 10 刷).

[10] 登坂宣好, 大西和榮, 偏微分方程式の数値シミュレーション, 東京大学出版会, 1995 (第 5 刷).

[11] 名取亮, 数値解析とその応用, コロナ社, 1990.

[12] 森正武, 有限要素法とその応用, 岩波書店, 1983.

[13] 山田直平, 電気磁気学, 電気学会, 1986.

[14] D.S. Jones, M.J. Plank and B.D. Sleeman, Differential Equations and Mathematical Biology, CRC Press, 2010.

著者紹介

小守 良雄 (こもり よしお)

1996 年 名古屋大学大学院工学研究科博士課程後期課程情報工学専攻満了, 広島市立大学情報科学部助手

1998 年 博士 (工学) 名古屋大学, 九州工業大学情報工学部助手

現在 九州工業大学情報工学研究院物理情報工学研究系准教授

確率微分方程式に対する数値解法や数値的安定性について研究している.

◎本書スタッフ

編集長：石井 沙知

編集：伊藤 雅英・赤木 恭平

組版協力：阿瀬 はる美

表紙デザイン：tplot.inc 中沢 岳志

技術開発・システム支援：インプレス NextPublishing

●**本書の内容についてのお問い合わせ先**

近代科学社Digital　メール窓口

kdd-info@kindaikagaku.co.jp

件名に『『本書名』問い合わせ係』と明記してお送りください。

電話やFAX、郵便でのご質問にはお答えできません。返信までには、しばらくお時間をいただく場合があります。なお、本書の範囲を超えるご質問にはお答えしかねますので、あらかじめご了承ください。

MATLABで学ぶ
物理現象の数値シミュレーション

2023年8月11日　初版発行Ver.1.0
2024年4月12日　Ver.1.1

著　者　小守 良雄
発行人　大塚 浩昭
発　行　近代科学社Digital
販　売　株式会社 近代科学社
　　　　〒101-0051
　　　　東京都千代田区神田神保町1丁目105番地
　　　　https://www.kindaikagaku.co.jp

印刷・製本　京葉流通倉庫株式会社
Printed in Japan

ISBN978-4-7649-6066-4

近代科学社 Digital は、株式会社近代科学社が推進する21世紀型の理工系出版レーベ
ルです。デジタルパワーを積極活用することで、オンデマンド型のスピーディでサステナ
ブルな出版モデルを提案します。

近代科学社 Digital は株式会社インプレスR&D が開発したデジタルファースト出版プラットフォーム
"NextPublishing" との協業で実現しています。

近代科学社Digital
教科書発掘プロジェクトのお知らせ

教科書出版もニューノーマルへ！
オンライン、遠隔授業にも対応！
好評につき、通年ご応募いただけるようになりました！

近代科学社 Digital　教科書発掘プロジェクトとは？

- ・オンライン、遠隔授業に活用できる
- ・以前に出版した書籍の復刊が可能
- ・内容改訂も柔軟に対応
- ・電子教科書に対応

　何度も授業で使っている講義資料としての原稿を、教科書にして出版いたします。書籍の出版経験がない、また地方在住で相談できる出版社がない先生方に、デジタルパワーを活用して広く出版の門戸を開き、世の中の教科書の選択肢を増やします。

教科書発掘プロジェクトで出版された書籍

情報を集める技術・伝える技術
著者：飯尾 淳
B5判・192ページ
2,300円（小売希望価格）

代数トポロジーの基礎
——基本群とホモロジー群——
著者：和久井 道久
B5判・296ページ
3,500円（小売希望価格）

学校図書館の役割と使命
——学校経営・学習指導にどう関わるか——
著者：西巻 悦子
A5判・112ページ
1,700円（小売希望価格）

募集要項

募集ジャンル
　大学・高専・専門学校等の学生に向けた理工系・情報系の原稿

応募資格
1. ご自身の授業で使用されている原稿であること。
2. ご自身の授業で教科書として使用する予定があること（使用部数は問いません）。
3. 原稿送付・校正等、出版までに必要な作業をオンライン上で行っていただけること。
4. 近代科学社 Digital の執筆要項・フォーマットに準拠した完成原稿をご用意いただけること（Microsoft Word または LaTeX で執筆された原稿に限ります）。
5. ご自身のウェブサイトや SNS 等から近代科学社 Digital のウェブサイトにリンクを貼っていただけること。

※本プロジェクトでは、通常ご負担いただく出版分担金が無料です。

詳細・お申込は近代科学社Digitalウェブサイトへ！
URL: https://www.kindaikagaku.co.jp/feature/detail/index.php?id=1